COLECÇÃO SIGNOS

Títulos publicados:

1. O REINO FLUTUANTE, de Eduardo Prado Coelho
2. MITOLOGIAS, de Roland Barthes
3. O GRAU ZERO DA ESCRITA, de Roland Barthes
4. DIALÉCTICAS TEÓRICAS DA LITERATURA, de Jorge de Sena
5. O PRAZER DO TEXTO, de Roland Barthes
6. HISTÓRIA DA LINGUAGEM, de Julia Kristeva
7. LINGUÍSTICA, SOCIEDADE E POLÍTICA, de A. Schaff, S. Latouche, F. Rossi-
   -Land e outros
8. ESCREVER... PARA QUEM?, de Roland Barthes, G. Duby, J. Lacouture e outros
9. LINGUÍSTICA E LITERATURA, de Roland Barthes, L. Picchio, N. Ruwett e
   outros
10. ROLAND BARTHES POR ROLAND BARTHES
11. ENSAIOS CRÍTICOS, de Roland Barthes
12. REFLEXÕES SOBRE A LINGUAGEM, de Noam Chomsky
13. DIALÉCTICAS APLICADAS DA LITERATURA, de Jorge de Sena
14. CRÍTICA E VERDADE, de Roland Barthes
15. TEORIA DA LITERATURA — I, de T. Todorov, B. Eikhenbaum, V. Chklovski
    e outros
16. TEORIA DA LITERATURA — II, de T. Todorov, O. Brick, B. Tomachevski e outros
17. FRAGMENTOS DE UM DISCURSO AMOROSO, de Roland Barthes
18. PROBLEMAS E MÉTODOS DA SEMIOLOGIA, de J. J. Natiez, J. C. Gardin,
    G. G. Granger e outros
19. POÉTICA DA PROSA, de Tzevetan Todorov
20. A LIÇÃO DO TEXTO, de Luciana Stegagno Piccio
21. A LIÇÃO, de Roland Barthes
22. TEORIAS DO SÍMBOLO, de Noam Chomsky
23. SADE, FOURIER, LOIOLA, de Roland Barthes
24. A GRAMÁTICA GENERATIVA, de Nicolas Ruwet, Noam Chomsky
25. A SEMÂNTICA, de F. R. Palmer
26. S/Z, de Roland Barthes
27. O ESTILO E AS SUAS TÉCNICAS, de Marcel Cressot
28. ESTRUTURAS SINTÁCTICAS, de Noam Chomsky
29. A TRADUÇÃO E OS SEUS PROBLEMAS, dir. de Jean-René Ladmiral
30. A HISTÓRIA DA LITERATURA INGLESA, de Ifor Evans
31. SIMBOLISMO E INTERPRETAÇÃO, de Tzevetan Todorov
32. LUANDINO — JOSÉ LUANDINO VIEIRA E A SUA OBRA (Estudos, Testemu-
    nhos, Entrevistas)
33. FUNDAMENTOS DA LINGUÍSTICA GERAL, de J.-A. Collado
34. OS GÉNEROS DO DISCURSO, de Tzevetan Todorov
35. O SISTEMA DA MODA, de Roland Barthes
36. LITERATURA PORTUGUESA, LITERATURA COMPARADA E TEORIA DA
    LITERATURA, de Álvaro Manuel Machado e Daniel-Henri Pageaux
37. O GRÃO DA VOZ, de Roland Barthes
38. A PRÁTICA CRÍTICA, de Catherine Belsey
39. A LINGUÍSTICA, de Mortéza Mahmoudian
40. OS UNIVERSOS DA CRÍTICA, de Eduardo Prado Coelho
41. M. TEIXEIRA GOMES, de Urbano Tavares Rodrigues
42. O ÓBVIO E O OBTUSO, de Roland Barthes
43. ELEMENTOS DE SEMIOLOGIA, de Roland Barthes
44. O RUMOR DA LÍNGUA, de Roland Barthes
45. A AVENTURA SEMIOLÓGICA, de Roland Barthes
46. DA LITERATURA COMPARADA À TEORIA DA LITERATURA, de Álvaro
    Manuel Machado e Daniel-Henri Pageaux
47. AS PALAVRAS E AS COISAS, de Michel Foucault
48. A RESISTÊNCIA À TEORIA, de Paul de Man
49. TUDO O QUE É SÓLIDO SE DISSOLVE NO AR, de Marshall Berman
50. O HOMEM DIALOGAL — CONTRIBUIÇÃO LINGUÍSTICA PARA AS CIÊN-
    CIAS HUMANAS, de Claude Hagége
51. FORMAS DE ATENÇÃO, de Frank Kermode

FORMAS
DE ATENÇÃO

Título original: *Forms of Attention*

© 1985 by the University of Chicago

Tradução de Maria Georgina Segurado

Revisão de Tradução de Artur Lopes Cardoso

Revisão Tipográfica de Ana Isabel Lopes

Capa de Arcângela Marques

Depósito legal n.º 44831/91

ISBN-972-44-0778-0

Direitos reservados para todos os países de língua portuguesa
por Edições 70, Lda.

EDIÇÕES 70, LDA. — Av. Elias Garcia, 81, r/c — 1000 LISBOA
Telefs. 76 27 20 / 76 27 92 / 76 28 54
Fax: 76 17 36
Telex: 64489 TEXTOS P

DELEGAÇÃO NO NORTE:
EDIÇÕES 70, LDA. — Rua da Rasa, 173 — 4400 VILA NOVA DE GAIA
Telef. 370 19 12/3

NO BRASIL:
EDIÇÕES 70, BRASIL, LTDA., Rua São Francisco Xavier, 224-A, (TIJUCA)
CEP 20550 RIO DE JANEIRO, RJ
Telef. 284 29 42/Telex 49385 AMLJ B

Esta obra está protegida pela Lei. Não pode ser reproduzida,
no todo ou em parte, qualquer que seja o modo utilizado,
incluindo fotocópia a xerocópia, sem prévia autorização do Editor.
Qualquer transgressão à Lei dos Direitos de Autor será passível
de procedimento judicial.

FRANK KERMODE

FORMAS DE ATENÇÃO

edições 70

A J. B. TRAPP
em memória de *Anna Livia*
e *The Unfortunate Lady*

O imperfeito é o nosso paraíso.

WALLACE STEVANS

Introdução
da edição americana

Formas de Atenção é o último de uma série de excelentes livros da autoria de Frank Kermode, e reconhecem-se nele as admiráveis qualidades dos volumes que o precederam: uma extraordinária condensação sem que isso implique perda de clareza, a acessibilidade aos leigos na matéria e a coerência teórica — uma oportuna análise das manifestações artísticas que há muito constitui característica do estilo de Kermode. A sua estratégia é nunca intervir no momento inicial do impacte vanguardista, quando as paixões estão mais exacerbadas, mas esperar que o tumulto pareça prestes a normalizar-se, quando os críticos em geral, sem debate ou reflexão significativos, fazem eco da nova terminologia e das proposições que lhe estão associadas.

E para deleite quiçá prematuro dos eruditos tradicionais, o vanguardismo em teoria crítica começou finalmente a fazer convergir a sua atenção para um ponto de natureza inegável e manifestamente histórica. Refiro-me à questão da formação dos cânones e ao contexto fundamentalmente social e com frequência não literário em que o tema se encontra inserido. É assim que Kermode o apresenta: "Através de que meios atribuímos valor às obras de arte, e de que modo os nossos juízos de valor afectam a forma como as vemos?"

Kermode desenvolve esta questão em três partes. Num primeiro capítulo, explora a reinserção de Botticelli no cânone dos grandes pintores após um longo período de ausência. Defende a perspectiva de que o processo de retorno de Botticelli às boas graças vem revelar aspectos básicos (e basicamente perturbadores) da formação dos cânones. O que aqui documenta e descreve com extremo rigor é a função inicialmente desempenhada pela opinião («ignorância»), particularmente em Swinburne e Pater, que ajudaram a reavivar a reputação de Botticelli e a permitir que os diferentes projectos eruditos de "conhecimento" empreendidos posteriormente por Herbert Horne e Aby Warburg reforçassem e garantissem — mas que decisivamente não "criassem" — a reputação de Botticelli. Kermode insiste que devemos captar a interdependência do conhecimento e da opinião — um aspecto radicalmente histórico e antiplatónico — mesmo que em paralelo tenhamos de entender como os projectos de Horne e Warburg estavam dependentes das culturas distintas e compartimentadas que estiveram na sua origem.

Num segundo capítulo, Kermode dá corpo à teoria implícita no seu primeiro capítulo fazendo uma leitura do Hamlet em termos retóricos, tal como a retórica é definida actualmente pela escola de de Man e Derrida. Esta leitura é um produto do nosso modernismo, por oposição às normas caracterológicas e intimistas dos tempos modernos de Coleridge. (Pressupõe-se que para nós não passe de um jogo de palavras; para Coleridge é o que as palavras nos mostram para lá de si mesmas.) A ideia dupla aplicada no segundo capítulo de Kermode é que todo e qualquer comentário aos textos canónicos varia de geração para geração porque tem de fazer face a necessidades diferentes e porque o próprio texto canónico assim se revela em virtude de conseguir resistir aos constantes ataques à interpretação sem nunca parecer exaurido. O texto canónico é «omnissignificante» (um termo modernista, tanto quanto me parece, e não uma verdade universal) e, por conseguinte, tem «valor permanente» (que poderia ser traduzido como «ahistoricidade perpétua»). Este capítulo oscila entre a teoria de que o texto é uma função e um produto subjectivos e a oposição tradicional a essa teoria, que insiste que os valores (tal como o «omnissignificado») podem pertencer objectivamente aos textos.

O terceiro capítulo de Kermode constitui um esforço no sentido do esclarecimento deste paradoxo (ou talvez não passe de uma contradição) ao separar a oposição que lhe dá corpo — conhecimento e opinião. Mas, no final, Kermode admite que não é possível fazê-lo. A sua vontade de aceitar o pluralismo epistemológico das recentes teoria e filosofia críticas (de Feyerabend a Rorty) é compensada pela insistência nas últimas páginas, de que o único mal possível da crítica literária seria o facto de destruir a perspectiva canónica da literatura (o texto canónico como um heterocosmos auto-suficiente), perspectiva que a crítica literária tradicional criou e impôs em textos como Hamlet. *(Um aspecto secundário extremamente divertido e convincente da tese de Kermode nestas páginas é que Paul de Man é um profundo pensador canónico.) Assim, Kermode acaba por realizar (na corda bamba teórica) a extraordinária proeza de, por um lado, avançar com a desconstrução e, por outro manter tudo como está, o cânone preservado e protegido, que é o que a maioria, na profissão, gostaria. Tal como todos os livros ambiciosos de teoria da literatura,* Formas de Atenção *quer seguir os dois caminhos ao mesmo tempo: nesse desejo reside a sua força e proporcionará o seu foco de debate.*

FRANK LENTRICCHIA

Prefácio

Através de que meios atribuímos valor às obras de arte e de que modo as nossas apreciações afectam a maneira como as vemos? É a questões desta natureza que os capítulos que se seguem procuram dar resposta. O tratamento é sobretudo histórico; muito do que refiro respeita aos processos pelos quais criamos a elevada opinião sobre uma obra ou um artista, que normalmente antecede os esforços mais enérgicos da crítica e interpretação — isto é, a natureza das forças históricas que atestam que algumas obras, mas não outras, exigem ou merecem estas formas especiais de atenção.

A história destes objectos invulgares que desaparecem do «cânone», desaparecem, efectivamente, de vista, mas são reabilitados após longo período de abandono, pareceu-me uma boa maneira de abrir o debate, e o primeiro capítulo debruça-se sobre um exemplo bem conhecido de uma tal ressurreição, a reabilitação de Botticelli no século XIX, em que, em termos genéricos, vemos o conhecimento ajudar, ainda que tardiamente, à manutenção dos valores impostos pela ignorância. À semelhança de todos os primeiros movimentos clássicos, este apresenta estrutura e motivos duplos que tendem a unir-se no fim. O segundo movimento trata do caso bastante diferente do *Hamlet* e é, agora que penso nele, um tipo de *scherzo*, não propriamente uma habilidade, mas um exercício intencionalmente extravagante e falível de um tipo de interpretação moderna, interpretação exigida por aquelas obras irredutivelmente canónicas que, no entanto, precisam de que se fale delas e sempre de uma forma nova.

Guardei para terceiro e último lugar as minhas especulações mais genéricas sobre os temas do primeiro e do segundo, por não pretender interferir em qualquer prazer que o leitor possa retirar da narrativa mais ou menos organizada. Esta conclusão, se me é permitido fazer o que sem dúvida constitui uma presunçosa analogia musical, é um conjunto de variações sobre um baixo obstinado saído da pena de um grande mestre, Samuel Johnson. Ao libertar sobretudo o primeiro ensaio do comentário bombástico, senti-me encorajado por outra magistral afirmação de Johnson, extraída da sua crítica a *Essay on the Writings and Genius of Pope*, de Joseph Warton: «Os factos por ele mencionados, apesar de raramente serem *segredos* em sentido restrito [*quer com isto dizer* «coisas nunca antes proferidas ou publicadas»] muitas vezes assim se apresentam em virtude de deliciarem mais leitores do que a crítica aberta». Ninguém que aceite um convite para proferir este tipo de palestras pode de modo algum deixar de fazer críticas abertas, mas é um género do qual muitas outras pessoas estão tão saturadas e desconfiadas quanto eu; assim, muito me apraz invocar o apoio de Johnson ao subterfúgio que utilizei a todo o custo, até ao fim.

Ao preparar estas palestras e, depois, ao desenvolvê-las, contei com o habitual contributo do Professor J. B. Trapp, director do Instituto Warburg. É muito possível que ele vá levantar objecções em relação a algumas das minhas afirmações sobre o Instituto que dirige e o seu fundador, mas posso afirmar que não recusou a dedicatória da presente obra, que teria de ser muito longa e bastante mais profunda para dar a dimensão real da minha gratidão por mais de trinta anos de dedicada amizade. Estou também em dívida para com o seu antecessor como director do Instituto, o Professor Sir Ernst Gombrich, pelo muito que aprendi no todo ou em parte ao longo dos anos e, mais em particular, por um recente benefício, sob a forma de uma agradável conversa esclarecedora acerca de Aby Warburg. E logicamente que o meu primeiro capítulo não teria sido possível sem a biografia de Warburg, da autoria de Gombrich. O Professor Ian Fletcher, outro velho amigo, permitiu-me, generosamente, ler o manuscrito da sua biografia ainda incompleta de Herbert Horne — outra vantagem indispensável. Estou também grato ao Professor Donal Gréene, em cujo manuscrito *Johnson* encontrei a observação respeitante à crítica aberta acima citada, bem como o excerto mais longo ao qual fiz uma alusão muito livre no meu último capítulo.

Muito me honrou a presença do Professor Wellek em Irvine — talvez um pouco embaraçado, também, pois se eu soubesse um décimo do que ele sabe sobre a história da crítica e da teoria da literatura, este livro poderia ser digno da sua atenção. Ao Professor Murray Krieger e aos seus colegas da Universidade da Califórnia em Irvine deve a presente obra a sua própria existência, e se em si a expressão de gratidão parecer inadequada, deixem-me acrescentar que me agradou receber o seu convite e não vou esquecer a gentileza com que fui recebido e acompanhado em Irvine.

F. K.

1. Botticelli Reabilitado

Habent sua fata libeli e o mesmo acontece com os quadros. Durante séculos, as obras de Botticelli foram ignoradas; na verdade, foi afirmado, pelo historiador que descreveu com maior autoridade as circunstâncias do seu ressurgimento, que «provavelmente nenhum outro grande pintor, até ao momento, suportou um tão grande período de abandono» como Botticelli[1]. Morreu, como refere Michael Levey, «num momento péssimo para a sua reputação»; mas o mesmo ocorreu com muitos artistas que ressurgiram muito mais rapidamente do que Botticelli. Segundo se julga, nos seus últimos anos de vida, estaria já em declínio do seu zénite, provavelmente porque em virtude da comparação com Leonardo ou Miguel Ângelo seria antiquado, talvez mesmo arcaico. Vassari, de quem tanto dependia a continuação da fama, apresentou uma perspectiva evolutiva da arte de pintar, e apesar de a sua *Vida de Botticelli* ter feito algo pela preservação quanto mais não fosse do nome do artista, não o deve ter achado comparável aos grande nomes da geração seguinte, e a sua biografia revelou-se deficiente e superficial. Os frescos de Botticelli na Capela Sistina foram eclipsados pelos dos seus grandes vizinhos, e quando eram notados, a comparação resultou sempre desfavorável. Fuseli não foi uma excepção ao criticar a sua «ostentação pueril»[2]. As ilustrações de Dante não foram admi-

---

[1] Michael Levey, «Botticelli and Nineteenth-Century England», *Journal of the Warburg & Courtland Institutes* 23 (1960): 291-306. As minhas páginas iniciais baseiam-se neste artigo.

[2] *Ibid.*, 294. Em 1887, W. P. Frith, um académico ainda lembrado pelo realismo pormenorizado do seu «Derby Day», falava também a respeito «dos maus desenhos de Botticelli e piores pinturas, e uma bacanal de fealdade» (*My Autobiography* [1887], 2:90; citado em Levey, 305).

radas enquanto isso não sucedeu ao próprio Dante, e tiveram, efectivamente, de esperar algum tempo mesmo após tal aconteci- mento. Em suma, o esquecimento a que este pintor foi votado logo após a sua morte aproximou-se tanto da totalidade, que ser- -se-ia levado a pensar que só poderia ser anulado por um extraor- dinário desenvolvimento na história do gosto.

E foi o que aconteceu. A *Primavera* e *O Nascimento de Vénus* saíram da obscuridade e foram expostos, em 1815, na Galeria dei Uffizi([3]). As paredes laterais da Capela Sistina come- çaram a ser notadas, e até admiradas por alguns. Em 1836, Alexis-François Rio publicou *De la poésie chrétienne*, um livro que tece elogios aos frescos da Capela Sistina; foi traduzido para inglês em 1854, e Levey está convencido de que levou Ruskin a ver pela primeira vez Botticelli com olhos de ver. (Uma conse- quência imprevisível de tal acto foi o importante aparecimento do pintor em *A la recherche du temps perdu*.) Entretanto, o interesse por Botticelli crescia mais rapidamente do que o conhecimento preciso a seu respeito, e uma colecção poderia conter «Botticellis por toda a espécie de gente — mas nenhum do próprio Botti- celli»([4]). Entre os pintores, Burne-Jones foi um admirador no começo da década de 1860. A opinião convencional chocava-se ainda com a introdução de temas pagãos na pintura do *Quattro- cento*; mas a defesa de Burne-Jones e, mais tarde, de Rossetti, encorajaram os vanguardistas.

Subsistiu, na década de 1860, uma opinião largamente con- sensualizada, e que talvez nos surpreenda, de que Botticelli limi- tava o seu atractivo pela preferência dada às mulheres feias. Uma história da pintura publicada nessa década descrevia tais mulhe- res como «rudes e de um modo geral destituídas de beleza»([5]). O primeiro inglês que descobriu uma maneira de corrigir esta opi- nião foi Swinburne, em 1868. O que até então fora designado por «grosseria» transformou-se agora em «uma graça ténue e quase dolorosa», e aqueles rostos feios assumiram uma «beleza um tanto magra e descarnada, destruída, ao que parece, por alguma doença ou mal natural»([6]). Os arcaísmos de Botticelli, as suas *Madonnas* artificialmente tristes, deixaram de constituir defeito. Inserido numa tradição histórica posterior e num programa de pintura moderna, preparava-se para integrar a lista de artistas

---

([3]) Em 1864, a *Primavera* foi transferida para a Academia; regressou aos Uffizi em 1919.

([4]) Levey, 296.

([5]) R. N. Wornum, *Epochs of Painting* (1860), 160 (citado em Levey, 301).

([6]) Levey, 302.

com especial relevância para o mundo moderno. Grande parte da história desta tradição viria mais tarde a ser escrita por Mario Praz na sua obra *The Romantic Agony*.

Em 1870, Walter Pater publicou o seu famoso ensaio, depois reeditado com algumas pequenas alterações em *The Renaissance* (1873)[7]. Conquanto coincidisse com, e em grande medida estivesse na origem da grande voga de Botticelli, o ensaio de Pater é suficientemente cauteloso para recordar as restrições habituais. «As pessoas começaram a descobrir o encanto da obra de Botticelli», diz ele e «o seu nome, pouco conhecido no século passado, vai aos poucos tornando-se importante.» Não obstante, Botticelli é ainda «um pintor secundário», e necessita de uma certa dose de justificação. Há *Madonnas*, admite Pater, que poderiam apresentar «um ar caprichoso» — não correspondem «a nenhum tipo de beleza reconhecido». Poderia inclusivamente dizer-se que existe «nelas algo de mesquinho e abjecto..., pois as linhas abstractas dos seus rostos têm pouco de nobre... e a cor é doentia.» Vê estas *Madonnas* como alheadas, não compenetradas da sua função, como a *Madonna do Magnificat*, a quem «as grandes palavras frias» contidas naquele cântico, pouco dizem. As Vénus pagãs também não escapam a esta singularidade. «O interesse de Botticelli», diz Pater, «não reside nem na bondade intemperada dos santos de Angelico, nem no mal intemperado do *Inferno* de Orcana, mas nos [*sic*] homens e nas mulheres, na sua condição mista e incerta, sempre atraentes, a que por vezes a paixão empresta um carácter de encanto e energia, mas entristecidos perpetuamente pela sombra que sobre eles lançam as grandes coisas inspiradoras de temor»[8].

No entanto, *O Nascimento de Vénus* recorda-lhe Ingres, o que lhe confere modernidade, e existe também neste pintor um forte sentimento grego, como se se tratasse do primeiro olhar retrospectivo no mundo moderno às formas da Antiguidade. Além disso, a qualidade visionária de Botticelli assemelha-se bastante à de Dante; e, por último, constitui uma verdadeira manifestação do maravilhoso princípio do Renascimento. De certo modo, todas estas pretensões se resumem a uma, a pretensão da modernidade. O moderno inclui uma nova apropriação da arte grega, de Dante, do *Quattrocento* recentemente valorizado. Toda aquela história díspar se congrega aqui e por isso se encontra em Botticelli um moderno «sentimento de inefável melancolia». A sua deusa do prazer, «depositária de um grande poder sobre as

---

[7] Walter Pater, *The Renaissance*, texto de 1893, ed. D. L. Hill (1980), 39.
[8] *Ibid.*, 43.

vidas dos homens», é moderna nessa acepção, e as *Madonnas* são modernas por se entristecerem em vez de se alegrarem com o que lhes sucede. E assim Botticelli, que retratou «a sombra da morte na carne pálida e flores desmaiadas» numa representação de Vénus, torna-se um pintor moderno.

Libertado finalmente da sua secreta masmorra histórica, foi aclamado como novo, não académico, como tendo afinidades com a arte japonesa que afluía agora a Paris e Londres através das caixas de chá. O culto foi objecto de piadas no *Punch* e no *Patience*. Abundavam as reproduções baratas. Mas, apesar de se ter tornado popular, causou na arte da época uma impressão que duraria até um modernismo posterior:

A presente imagem dela flutua na mente —
Foi o dedo do *Quattrocento* que a moldou,
A face cavada como se absorvesse o vento
E tomasse uma porção de sombras por alimento?

Firmemente implantado agora no seu novo cenário, Botticelli atingiu uma posição de destaque que muito provavelmente nunca viria a perder por completo. Deveu a sua promoção não aos eruditos mas sim aos artistas e outras pessoas de sensibilidade moderna, cujas ideias sobre a história eram mais apaixonadas do que rigorosas, e cujos conhecimentos estavam, como disse, muito longe de ser exactos. Nesta fase, o conhecimento exacto não desempenhava qualquer função. A opinião, em certa medida informada, exigia, neste momento moderno, um determinado tipo de arte do início do Renascimento; Botticelli, juntamente com alguns contemporâneos — conquanto o primeiro entre eles — proporcionou-a. O entusiasmo valia mais do que a investigação, a opinião, mais do que o conhecimento.

Farei agora referência a um homem que nasceu por alturas do grande ressurgimento de Botticelli, e foi fortemente influenciado por Pater assim como por Morris. Todavia, a sua função foi mais reforçar e consolidar a fama de Botticelli do que impô--la. Herman Horne não é um nome conhecido, e foi-lhe negada uma breve referência no *British Dictionary of National Biography*. A maior parte da informação que nos chegou sobre a sua vida foi reunida por Ian Fletcher, de cuja obra publicada e por publicar me encontro aqui em grande medida dependente [9]. Nascido em 1864, Horne foi exactamente contemporâneo de

---

[9] Ian Fletcher, «Herbert Horne: The Earlier Phase», *English Miscellany* (Roma) 21 (1970): 117-57. O Professor Fletcher deixou-me gentilmente ler o seu manuscrito ainda incompleto da vida de Horne.

Yeats e Arthur Symons. Tal como eles, não frequentou qualquer universidade, mas adquirira de muito novo um conhecimento pericial de diversas artes. Foi também um precoce e bem sucedido coleccionador. Em breve se tornou discípulo de Pater. Aos dezoito anos, começou a estudar desenho com o arquitecto e desenhador A. H. Mackmurdo, fundador da Century Guild, que se dedicava à unificação das artes. Horne tornou-se co-editor, com Mackmurdo, de uma revista intitulada *The Century Guild Hobby Horse*, que procurava promover esta unificação publicando poesia moderna juntamente com artigos de interesse artístico e antiquário. O próprio Horne era pintor, encadernador, arquitecto e desenhador, uma autoridade em mobiliário e instrumentos musicais antigos, um extraordinário coleccionador de quadros ingleses do século XVIII e poeta.

Horne deve ter sido um homem bastante frio e desagradável — se acreditarmos em Arthur Symons, uma figura geniosa e mesmo sinistra, um mulherengo bem sucedido mas desapaixonado e um homossexual encapotado. Um poema não publicado, referido por Fletcher, fala do poeta (com cerca de vinte anos) como contendo dentro de si «o tórrido e o frígido entrelaçados», uma combinação que reflecte a sua convicção de que «a natureza poética é o casamento do Céu com o Inferno». A divisória entre o tórrido e o frígido surge de novo num conjunto de cartas semi--amorosas actualmente na biblioteca do Instituto Warburg, e Fritz Saxl viu nelas a chave de todo o carácter de Horne, a quem muito admirava. A partir desta correspondência ficamos também a saber que, em 1885, Horne trabalhava em «versos, pintura, e desenho, incluindo canalizações», e que estava a pintar num banco comprido, que também servia de arca, um painel alegórico com a Árvore do Conhecimento e a Morte numa roseira sem espinhos. Exprime a sua admiração pelo *Parsifal*, mas não pelo *Anel*, em virtude de a primeira talvez se adaptar melhor a uma religiosidade bastante vaga presente na poesia que então escrevia. Consideravelmente com maior admiração, confessa-se um apreciador das salas de espectáculos, desejando que algum patrono rico lhe alugasse uma cadeira no Gaiety.

Esta ambição só parecerá estranha ou vulgar para aqueles que não conheçam as preocupações dos artistas e estetas deste período. Horne sempre respeitou as artes, e de entre estas privilegiou a dança. O seu interesse pelo Gaiety e pelo Alhambra não era de modo algum uma questão de horas de lazer licensiosas. É claro que um dos objectivos era «engatar» as dançarinas; mas havia algo de distinto na estética destas actividades. O poeta Ernest Dowson ficou grato a Horne por correr o risco de publicar o seu poema «*Non sum qualis eram*» em *The Hobby Horse*; e respeitou-o como benfeitor de Lionel Johnson, e anfitrião do Rhymers' Club, fundado em Janeiro de 1891; mas achava-o também tão formidável que não se sentia à vontade a jantar sozinho com ele[10]. Incluo aqui a menção a este aspecto a fim de criar o contexto para o relato que Dowson faz de um encontro com Horne e o seu grande amigo, o artista Selwyn Image (Professor de História de Arte em Oxford) à porta das traseiras do Alhambra, numa fria noite de Janeiro de 1890. Apresentaram Dowson a «várias *coryphées* banalíssimas». «Havia algo de grotesco», prossegue ele, «na justaposição. Horne muito erecto & magro & estético — e Image, o homem mais importante de Londres, no aspecto, uma espécie de cruzamento entre um *abbé* secular e Baudelaire, com modos de *18ème siècle* — à espera num corredor que fossem conduzidos à presença das dançarinas. Confesso que não compreendo este culto das *danseuses*!!"[11]

Mas aqui é Dowson, e não os seus amigos, que se encontra desfasado. Afirma-se imune ao «culto das dançarinas», que era, entre os seus iguais, um importante culto de então. A dança estava associada à Missa, assim como à imagem poética, e de Loie Fuller e Jane Avril a Nini Patte-en-l'air, as dançarinas eram adoradas; respeitáveis homens da Igreja e também artistas e professores esperavam pelas dançarinas em esconsos becos, visto o ritual assim o exigir[12]. O culto não estaria de modo algum dissociado do das enigmáticas Vénus de Botticelli. (Não sei se a conjectura de que a figura central de a *Primavera* — identificada pela maioria, embora não por todos os comentadores como Vénus — está a «dançar com um ligeiro saltitar» terá tido quaisquer precedentes nos anos 90)[13]. De qualquer modo, muita poesia foi dedicada à dança e às dançarinas; houve muitas peças sobre dançarinas javanesas e de outras paragens exóticas, especialmente da autoria de Arthur Symons, e muitas sobre Salomé. Originando-se neste movimento, e após grandes transformações, surgiram as danças e as dançarinas de Yeats e Elliot. Aguardando no beco

---

[10] *Letters of Ernest Dowson*, ed. Desmond Flower e Henry Maas (1967), carta de 4 de Março de 1891, a Arthur Moore; mas, no dia seguinte, Dawson referiu ao mesmo correspondente que o jantar fora um êxito — Horne mostrara-se «encantador e simpático», e depois, às 11,30, «tinham caminhado na direcção do Alhambra» mas «chegado demasiado tarde para as suas divindades».

[11] *Letters*, 27 de Janeiro de 1890.

[12] Sobre algumas das implicações do culto, ver da minha autoria «Poet and Dancer before Diagilev», *Puzzles and Epiphanies* (1961), 1-28.

[13] E. H. Gombrich, «Botticelli's Mythologies», *Symbolic Images* (1972), 31-81. «Dançar com um ligeiro saltitar» reporta-se à descrição de Vénus, feita por Apuleios em *The Golden Ass (lente vestigio)*. Também em Apuleios ela «inclina ligeiramente a cabeça».

esconso, Horne não fazia nada de estranho para um artista dos anos 90, um pintor de bancos, um admirador do *Parsifal*, um amante de Botticelli.

Yeats, tal como a maior parte das pessoas que o conheciam, tinha reservas em relação a Horne e Image (a quem Horne, sem dúvida em ar de chiste, se referiu como «a pérola desta época de obscurantismo»); considerava-os «figuras típicas da transição, produzindo, num acto de saber supremo e gosto requintado, o que os seus antecessores produziram com descuidada abundância»; mas admirou também Horne pela sua «arte consciente e deliberada». Tal como Saxl, que se lhe seguiu, elogiou a igreja construída por Horne próximo de Marble Arch, segundo o modelo da catedral de Pietrasanta na Toscana (foi destruída por um bombardeamento, assim como a maior parte dos edifícios de Horne em Londres). E reconheceu em Horne «aquilo que eu nunca terei, erudição»; foi uma daquelas pessoas, afirmou Yeats, que o ajudou a adquirir a tal «energia violenta que é como um fogo de palha, consome em escassos minutos a vitalidade nervosa, e é inútil para as artes»[14]. Yeats escreve com conhecimento de causa, estando informado a respeito das últimas obras de Horne, pacientes e monumentais; a imagem dos molhos de palha a arder adequa-se melhor, como acabou por concluir, à obra que Horne nasceu para executar, do que a qualquer manifestação de génio que se vai consumindo.

Todavia, continuou a realizar outros trabalhos, pintando bancos, cretones, guarda-fogos, cravos; desenhando e encadernando livros (publicou um estudo sobre encadernação em 1894); trabalhando como arquitecto; editando peças da época de Jaime I e Herrick; coleccionando quadros; escrevendo poemas. Quando Verlaine efectuou a sua famosa visita a Londres e Oxford, foi Horne que ajudou Symons a cuidar dele; estava mesmo no centro da poesia contemporânea. O seu pequeno volume, *Diversi Colores*, de sua própria impressão e concepção, foi publicado em 1891, o ano dos Rhymers; são mais de quarenta páginas de poemas, fortemente influenciados por Campion, Herrick, e de madrigais, com algumas peças litúrgicas um tanto fervorosas e alguns frios poemas de amor. Por aqui se vê que Horne foi um poeta menor; e Ian Fletcher tece apenas breves comentários aos versos que ficaram em manuscrito. São perfeitamente característicos do momento histórico. Horne foi um artista menor dotado, no centro do seu mundo. Em sua casa em Fitzroy Street, reuniam-se artistas de toda a espécie: Fletcher enumera Dowson e Johnson,

---

[14] W. B. Yeats, *Autobiography* (1953), 191.

Sturge Moore, Yeats, Sickert, Walter Crane, Augustus John, Oscar Wilde, Arthur Symons, Arnold Dolmetsch (que construiu o cravo decorado por Horne) e Roger Fry.

Mas esta fase da sua vida estava a acabar. Cada vez se interessava mais por antiguidades, e os arquivos de *The Hobby Horse* demonstram-no. Tornou-se uma autoridade no restauro de edifícios antigos, em ilustração de livros, em xilogravuras do século XV. Aumentou a sua extraordinária colecção; como salienta Fletcher, a sua constituição com recursos tão magros deve ter obrigado a «uma certa crueldade e desapego» ([15]). Discutiu com Mackmurdo; *The Hobby Horse* acabou; e a fase estética conheceu o seu termo. Horne tornou-se cada vez mais interessado na arte italiana. Começou a passar grandes temporadas em Florença, e publicou um artigo sobre Uccello, mas o seu principal interesse era Botticelli,

Em 1908 vendeu uma parte considerável da sua colecção inglesa a Edward Marsh; a maioria encontra-se actualmente na National Gallery, em Londres. Horne serviu-se do produto dessa venda para comprar e restaurar um velho palácio em Florença, adquirido em 1912. Por sua morte, em 1916, deixou a casa Horne à cidade de Florença, com uma verba para a sua manutenção; mas esta foi aplicada em investimentos malogrados. É possível visitar ainda hoje o Museu Horne, apesar de o seu conteúdo mais importante ter sido transferido para a Galeria dei Uffizi.

Durante estes anos em Florença, Horne ocupou-se com extraordinária dedicação a escrever uma longa obra sobre Botticelli, e um segundo volume sobre a *scuola*; até há muito pouco tempo julgava-se que este segundo volume nunca tivesse sido escrito, mas informou-me o Professor Fletcher de que foi encontrado no Museu Horne. A sua publicação constituirá um acontecimento importante. Muito antes de se mudar para Florença, Horne, como nos diz Yeats, era «perito em Botticelli» e «começara a gabar-se de que quando escrevia sobre ele não era literatura, mas antes cultura» ([16]). E *Alessandro Filipepi called Sandro Botticelli, Painter of Florence*, de Horne (1908), poderia justificar semelhante afirmação. É considerado pelos historiadores de arte modernos como um dos melhores livros jamais escritos a respeito de um pintor do Renascimento. Sir John Pope-Hennessy, no seu prefácio à reedição em *fac-símile*, de 1980, diz que «resistiu melhor à prova do tempo do que qualquer outro livro sobre história de arte», e que «todo o posterior conhecimento de Botticelli

---

([15]) Fletcher, 151.
([16]) Yeats, 182.

está dependente do de Horne[17]. Fritz Saxl admirou a sua austeridade, por Horne separar o gélido do tórrido; pois afirma Saxl, ele escreve «com rigor e desinteressadamente num estilo gélido que quase destrói a personalidade do autor». A tamanha autodisciplina, à eliminação daquele elemento «tórrido», devemos, segundo Saxl, «um impecável exemplar de conhecimento histórico»[18].

Seria impensável esperar que tal obra fosse muito «tórrida»; tem como preocupação primeira o facto, o atributo e a descrição correctos, o oferecer ao mundo um Botticelli autêntico, em vez da figura apócrifa que tanto viera a adorar. Essa obra requer a devida racionalidade do método. A sua força provém principalmente da pertinência da investigação — poucos documentos foram acrescentados aos que Horne desenterrou na sua infatigável demanda através dos arquivos florentinos — e de uma visão precisa já habitual. E Arthur Symons salientou que quando Horne «se sentava a escrever surgia nas palavras algo de seco e duro»[19]. Não posso, no entanto, conceber que o livro seja tão frígido quanto Saxl e os outros o acharam.

No que se refere ao desenho e à impressão, como seria de esperar de uma obra de Horne, é um objecto belíssimo — um livro que não podia ter sido como é se não se tivesse registado aquele movimento nas artes visuais e ofícios em que Horne fora iniciado e a que deu o seu contributo. E a prosa do livro tem um tipo de vivacidade pedante, um arcaísmo modernista, que se assemelha muitíssimo ao estilo adequado ao homem; um estilo «estético», mas qualificado por um orgulho no conhecimento rigoroso. Claro que Horne está consciente de uma intenção de corrigir as noções que se haviam desenvolvido com, e alimentado, o gosto por Botticelli. É bastante duro com Pater, em cujo ensaio a prin-

---

[17] Herbert P. Horne, *Botticelli, Painter of Florence*. Com uma nova introdução de John Pope-Hennessy (1980), xi. Ronald Lightbown, *Sandro Botticelli: Life and Works and Complete Catalogue*, 2 vols. (1978) não se afasta desta opinião corrente, apesar de fazer ressaltar erros, certos e prováveis, e também determinados inconvenientes próprios do método de Horne. Por exemplo, terá atribuído à *Primavera* uma data demasiado anterior: é um quadro para a câmara nupcial, encomendado por Lorenzo di Pierfrancesco em 1482-83 (e não 1477); aproxima-se, por conseguinte, muito mais no tempo de *O Nascimento de Vénus* (outro quadro para uma câmara nupcial), do que Horne pressupusera. A composição do livro de Horne começou em 1903, pelo que lhe foi impossível incluir informações só disponíveis posteriormente àquela data; Jacques Mesnil, *Botticelli* (1938), suplementa e corrige Horne com base nos seus apontamentos. Por último, o livro de Horne (do qual só foram impressos 240 exemplares) é extremamente longo e não apresenta nem divisão em capítulos, nem índice, o que certamente reduz a sua utilidade; mas ele entendia então estar a escrever unicamente para seu próprio gáudio.

[18] Fritz Saxl, «Three Florentines». *Lectures* (1957), 331 segs.

[19] Fletcher, 127.

cipal tese «se baseia na atribuição errónea a Sandro da autoria do altar de Palmieri»([20]); e apresenta a explicação para aquelas «*Madonnas* de ar caprichoso» que não correspondem «a nenhum tipo reconhecido ou óbvio de beleza» como «pinturas académicas... em que os imitadores de Botticelli exageram os seus maneirismos»([21]), mas que vieram a ser consideradas típicas do próprio mestre. Com efeito, Horne sugere que foi a semelhança entre tais pinturas e a arte de segunda categoria de Burne-Jones, tão em voga, que garantiram a sua popularidade. Contudo, Pater tinha uma certa desculpa; Horne explica também que em 1870, quando surgiu o ensaio, «Botticelli fora representado nominalmente na National Gallery por três *Madonnas* da sua escola, sendo duas elas *Tondi*: e as suas únicas obras genuínas então presentes nas colecções, eram atribuídas a Masaccio... e Filippino Lippi... Não admira que os anjos presentes baixem as suas cabeças ante tamanha ingenuidade»([22]). E Pater, apesar de todos os seus erros, escreveu o que Horne considera como «a apreciação mais subtil e mais sugestiva de Botticelli, de uma forma pessoal, que até ao momento foi escrita»([23]), uma obra, por conseguinte, intimamente ligada ao «culto caracteristicamente inglês de Botticelli, que agora [na década de 1880] se tornou um aspecto identificativo de uma fase de pensamento e gosto, ou do que passou por tal, tão estranha e extravagante como qualquer outra da nossa extravagante e estranha época»([24]). Pater é uma das duas pessoas a quem Horne dedica o livro. Garante-nos que o principal objectivo é acumular informação, mas, sobretudo, conhecimento. Podemos concebê-lo de certa forma também como o tributo de uma personalidade sardónica, agora amadurecida, às afectações e entusiasmos dos seus anos de formação; uma rejeição do absurdo, do falso modernismo, em termos que, não obstante, aceitam a justa avaliação que é feita a Botticelli «na nossa estranha e extravagante época», e atribui às realizações daqueles anos o merecido valor, não só da dedicação a Pater, mas também de uma ainda maior a um estilo que Pater continua a reconhecer. À semelhança da de Yeates, a prosa de Horne sempre nos lembra aquele mestre, consciente que está da sua própria elegância e exactidão, consciente igualmente de possuir (característica também do verdadeiro, e não do fantasma Botticelli) um *aria virile* a que Pater não podia ter aspirações.

([20]) Horne, XVIII.
([21]) Horne, XIX.
([22]) Horne, XIX.
([23]) Horne, XVIII.
([24]) Horne, XIX.

Estamos constantemente a encontrar, nesta obra considerada genericamente rigorosa e douta, vestígios do gosto e estilo paterianos. A respeito da *Adoração dos Magos* escreve Horne que é a obra mais árida e mais naturalista: «em nenhuma outra é o temperamento característico de Botticelli introduzido na pintura; a sua beleza austera e racional em parte alguma é afectada por aquelas '*bizzarie*', aquela 'invulgaridade na proporção', que distinguem obras como a 'Primavera' e a 'Calúnia'»[25]. Mais impressionante é o facto de ele referir a respeito da *Primavera* que «em nenhum quadro que possua sequer o mesmo grau de sentimento de beleza, encontramos tantas formas e aspectos que muito se afastam das tradicionais ideias de beleza... Antigo, solene e religioso na concepção; moderno na expressão, como então era, florentino, bizarro, fantástico... Retira totalmente da Antiguidade o tema deste quadro; mas de escultura grega ou romance pouco ou nada sabe; nada, de qualquer modo, que possa prejudicar ou distorcer a sua visão, e tão fiel, que aquilo que tornou abstracta ou destruiu a arte pós-rafaelita, serviu apenas em Botticelli para acelerar a visão do mundo em seu redor»[26]. Parece impossível que o conhecimento pudesse ter encontrado exactamente esta expressão se Pater não houvesse surgido antes. O mesmo se pode dizer do comentário de Horne à imagem de Santo Agostinho da Igreja de Todos os Santos, que retoma a observação de Pater a respeito da qualidade «dantesca» de Botticelli e lhe confere rigor, salientando simultaneamente o que Pater não entendeu, o *aria virile* que os seus contemporâneos pressupuseram ser característica específica do pintor: «Nós, no presente momento, estamos em condições de pensar naquela 'corrente subterrânea do sentimento original' que percorre as suas obras, e até no exagero daquele sentimento nas muitas obras da sua escola que lhe são atribuídas, como o aspecto que distingue o estilo de Botticelli; mas, para os florentinos da sua própria época, este ar enérgico, dantesco, que no fresco de Santo Agostinho surge com bastante clareza, este *aria virile* como os próprios florentinos lhe chamavam, foi o que distinguiu a sua obra da dos seus discípulos e contemporâneos»[27]. Horne chega mesmo ao ponto de perguntar se o segredo da grandiosidade do pintor não residirá no facto de a ideia moderna a seu respeito — como pintor visionário — e a contemporânea, que admirou a sua virilidade, poderem ser «nas suas diversas perspectivas, igualmente

---

[25] Horne, 43.
[26] Horne, 59-60.
[27] Horne, 69.

verdadeiras»([28]). Mas, nesse caso, predomina o historiador em Horne. Quando os restauros reduziram a força original de um quadro inserindo partes que são mais suaves, ou «embelezadas», como no *Tondo do Magnificat*, ele tem a certeza de que «o infortúnio... contribuiu, e não foi pouco, para a extraordinária popularidade do quadro»([29]). Quando Pater descobre naquele quadro o interesse bizarro de uma virgem herege, pode ser-lhe atribuído «um rebuscado devaneio pessoal», mas afectou também um pouco a verdade([30]). De igual modo, a cor «cadavérica», como Pater lhe chamou, de *O Nascimento de Vénus* é inteiramente consequência da deterioração do pigmento([31]).

Não se duvidará que, confrontado com uma escolha entre «aquele modernismo de sentimento e interpretação que distorce a nossa percepção»([32]), e o facto histórico, Horne preferiu conscientemente o segundo. Se Ruskin acha que «a estranheza e a melancolia» penetram na obra de Botticelli, isso fica apenas a dever-se ao facto de o *aria virile* assumir tal aspecto para «um crítico que, na realidade, escolheu como critério em todas as questões de pintura, a arte requintada e subtil dos paisagistas e dos pré-rafaelitas ingleses»([33]).

É interessante observar Horne no seu esforço de localização do aparecimento, no estilo de Botticelli, do ar viril. Não é um mero arquivista e consegue mesmo dar esse ar, como na sua descrição, viva e de estilo puro, da conspiração dos Pazzi para assassinar Lozenzo de Medici, em 1478. A desculpa que apresenta para referir o acontecimento é o facto de, após o malogro da conspiração, Botticelli ter sido encarregue, de acordo com a tradição, de fazer efígies dos conspiradores condenados ou executados. Representou-os num fresco sobre a porta da velha Dogana, mas após um golpe bem sucedido alguns anos mais tarde, as pinturas foram destruídas. No entanto, a necessidade de suplantar nestas obras o naturalismo de Andrea da Castagno, que antes dele fizera o mesmo, deu a Botticelli uma nova «força bruta»([34]) que de então em diante surgiu na sua restante obra, a partir do *Santo Agostinho* de 1480; os frescos da Sistina, pintados antes de 1482, mostram-no plenamente. Ao exprimir esta conjectura, Horne exibe uma força bruta, em nítido contraste com a prosa do período que deixara para trás.

([28]) Horne, 111.
([29]) Horne, 121.
([30]) Horne, 122.
([31]) Horne, 152.
([32]) Horne, 225.
([33]) Horne, 333-34.
([34]) Horne, 329

Mesmo assim, acha que Botticelli se foi tornando cada vez mais maneirista e nervoso à medida que a sua fama era eclipsada pela nova escola e a sua linha da vida se cruzava com a de Savonarola; refugia-se cada vez mais, «não só no seu método, mas no traçado e no sentimento, naquela tradição da pintura de Giotto, de onde em tão grande medida fizera provir a sua arte»[35]. E talvez aqui resida outra desculpa para aqueles que durante o revivalismo interpretaram mal Botticelli. Existe, afinal, um fundo de verdade tanto em Ruskin como em Pater; Botticelli tem os seus «aspectos discordantes», as suas bizarrias, a sua «doçura amatória» e os seus arcaísmos[36]. Em qualquer dos casos, desempenharam uma função ao focarem de novo a nossa atenção sobre aquilo a que Horne insiste em chamar «a realização suprema da arte moderna»[37].

Seria então lógico caracterizar o esforço de Horne como uma tentativa de alterar as respostas básicas do modernismo a este pintor, sem negar completamente a sua afinidade com os entusiastas relativamente ignorantes que o precederam; quis dar ao devaneio langoroso um rigor de registo, uma precisão que lhe faltava, apesar de não pretender dispersar totalmente a sua acção. Se é certo que manteve uma distância crítica, desconfiava também do rigor pretensioso da história da arte académica. Se os estetas exageraram o sentido de «perda ou afastamento»[38] de Botticelli, os professores poderiam ser extraordinariamente presunçosos: «O Professor Schmarsov informou-nos exactamente de quais as figuras dos Papas [nos frescos da Capela Sistina] pintadas por Melozzo; mas como me sinto incapaz de seguir os argumentos deste ilustre Professor, visto não ter estudado na Academia de Lagado, não posso discutir as suas conclusões»[39].

E é verdade, afinal, que os professores pouco ou nada tiveram a ver com a reabilitação de Botticelli. Foi obra da opinião, que nunca deve ser observada sem a sua sombra, a ignorância. E foi Horne, que não era professor — nunca frequentou qualquer academia — que mais procurou reforçar a opinião com o conhecimento, dando assim ao seu tema, não a imunidade em relação à futura falta de consideração, mas uma nova importância, uma nova atitude no curso do tempo.

Aby Warburg, nascido em 1866, era dois anos mais novo do que Horne, e também filho da década que concretizou a reabilita-

---

[35] Horne, 308.
[36] Horne, 334.
[37] Horne, 304.
[38] Horne, 147.
[39] Horne, 88.

ção de Botticelli. As suas origens eram muito diferentes; filho de um banqueiro de Hamburgo, estava destinado para chefiar a firma, mas tornou-se antes um erudito, e bem extraordinário. A admirável «biografia intelectual» de Warburg, da autoria de E. H. Gombrich([40]), dá-nos uma perspectiva bastante intimista de uma educação que era totalmente diferente de qualquer outra que fosse possível obter, então, ou agora, na Grã-Bretanha ou nos Estado Unidos, e decerto se encontrava a uma enorme distância da educação bastante informal de Horne. Warburg foi aluno de grandes homens agora na sua maior parte esquecidos — de Hermann Usener, recordado talvez pela frase «divindade momentânea» e pela defesa que dele faz Ernst Cassirer; e de Karl Lamprecht, Anton Springer, Carl Justi; e de August Schmarsov que, inadvertidamente, irritou Horne([41]).

A maior parte dos professores de Warburg presumiu que as descobertas da ciência moderna deveriam ser aplicadas às ciências humanas. De uma maneira ou de outra, foram afectados por Hegel, mas também pela teoria da evolução, e pela tenacidade dos primitivos — as manifestações, na vida de uma civilização evoluída, de imagens ou comportamentos que tinham origem numa camada residual ou atávica no espírito do indivíduo ou da raça, ou simplesmente da civilização. Lamprecht, que Gombrich refere como o mestre que mais influenciou Warburg, dividiu a história cultural em cinco períodos, afastando-se cada um deles um pouco mais do simbólico «primitivo»; e Springer interessou-se pela maneira como a Idade Média e o Renascimento encararam a Antiguidade Clássica. Foi ele que chamou a este estudo «*das Nachleben des Antike*», uma expressão mais tarde fortemente associada a Warburg.

O facto de Usener procurar «vestígios espirituais de tempos desaparecidos» em épocas culturais posteriores([42]) e os muitos ou

---

(40) E. H. Gombrich, *Aby Warburg: An Intellectual Biography* (1970), 305. Baseei-me bastante nesta obra para a minha discussão de Warburg.

(41) O Professor J. B. Trapp fez-me recordar que Warburg dedicou o seu estudo sobre Botticelli a Hubert Janitschek e Adolf Michaelis, mestres importantes para ele. Deveria referir-se também a sua admiração por Burkhardt.

(42) Foi Usener que canalizou a atenção de Warburg para a obra de Tito Vignoli, cujo *Mito e scienza* (1879) se revelou importante para o mais jovem. Maria Michela Sassi afirma que Warburg se aproveitou de Vignoli de um modo muito pessoal, impressionado sobretudo pela sua insistência no receio como motivo subjacente à tendência para «animar» o desconhecido — uma tendência que subsistiria numa época científica porque o homem «humaniza e personifica imagens, ideias e conceitos, transformando-os em sujeitos vivos, tal como no princípio humanizou e personificou objectos e fenómenos cósmicos». Maria Michela Sassi, «Dalla scienza delle religioni di Usener ad Aby Warburg», in *Aspetti di Hermann Usener, filolofo della religione. Seminario della Scuola Normale di Pisa... 1982*, a cura di G. Arrighetti [etc.], Pisa (1982).

pelo menos bastante semelhantes tipos de investigação, na segunda metade do século, podem sugerir um tipo de preocupação do *fin-de-siècle* bastante diferente da de Horne e do seu círculo. Estes intelectuais estavam preocupados com a construção de teorias destinadas a ter uma grande força interpretativa. É-se levado a pensar num homem muito diferente, Freud (apesar de o próprio Warburg não o ter feito), como alguém preocupado também com a relação do primitivo e dos símbolos primitivos com a civilização. Voltarei a Freud e à sua relevância para estas questões na minha terceira palestra; apenas o menciono aqui porque é um nome mais familiar do que os outros que procuravam explicações históricas cabais, apesar de basicamente esperarem encontrar, na arte, provas de sobrevivência simbólica.

O próprio Warburg esboça sistemas nas suas obras, mas o esquema dos interesses que lhe estão subjacentes é claro e firme; raramente permitiu que as suas especulações teóricas extravasassem as suas notas, e afligia-o a dificuldade de as reconciliar com as observações. Como explica Gombrich, muito delicadamente, era tal a constituição psicológica de Warburg, que se deve ter interessado particularmente pela ideia de que a história evidencia um progresso de um estado de terror arcaico, e que os símbolos ou imagens próprios daquele estado inicial se podem repetir sob condições de civilização, mas expurgados do seu horror dionisíaco original(43). Este eterno ansioso tinha, por conseguinte, um motivo pessoal para estudar não só a sobrevivência de formas antigas, mas também as condições evolutivas sob as quais se podem mais tarde vir a manifestar. Springer ensinara-lhe que, tal como o historiador tem sempre de interpretar o passado a partir da sua própria posição historicamente limitada, também «o objeto da interpretação — no caso da arte — é em si uma rein-

---

(43) «Às vezes parece-nos que no meu papel de psico-historiador, tenho de diagnosticar a esquizofrenia da civilização ocidental a partir das suas imagens num reflexo autobiográfico», escreveu Warburg em relação à Ninfa (Gombrich, 303). E acontece que para ele a imagem apresentava uma qualidade «maníaca» (parece, tanto aqui como ao falar da sua própria doença, ter confundido o maníaco-depressivo com o esquizofrénico). Mas não estava sozinho ao atribuir à Ninfa este tipo de significado; também Taine o fez de uma forma muito menos relevante (ver adiante); e de igual modo, alguns anos mais tarde, Horne, que escolheu, no fresco da Tentação na Capela Sistina, a «mulher com tecidos esvoaçantes, que avança, quase de perfil, com molhos de folhas de carvalho na cabeça. No sentido jovial e exuberante da vida que anima esta figura ímpar, Botticelli aproxima-se mais do espírito da arte grega do que, talvez, o próprio Donatello o fizera» (Horne, 99). Sentimos aqui uma curiosa afinidade entre «decadente» e «grego», que sem dúvida teve origem no ensaio de Pater. Claro que subsiste a verdade de nem Taine nem Horne estarem obcecados com a imagem, como sucedia com Warburg; não detectamos nas suas afirmações nada que corresponda ao que Gombrich chama «o subsolo do medo subjacente ao fascínio de Warburg pela ninfa» (Gombrich, 305), a sua associação a caçadores de cabeças, bacantes, e por último, supõe-se, a medos de castração.

terpretação de alguma fonte anterior»(44). Assim, Warburg combinou um interesse constante na transformação de símbolos antigos com a investigação aturada das circunstâncias sociais e pictóricas dos seus reaparecimentos. Não esqueceu o que Lamprecht lhe ensinara — que todos os artefactos constituem prova; e sabia que não existia nada na história do pensamento — quer da arte, da religião, da magia, ou da ciência — que fosse em princípio irrelevante para as suas investigações.

Tal como a maior parte dos pensadores ambiciosos, serviu-se dos pensamentos e dos sistemas de ideias de outros homens mais como estimulantes do que como esquemas que ele pudesse ou não adoptar; não procurava algo já criado, mas indícios, o estímulo que poderia dar origem a uma onda cerebral sua. A «outra vida da antiguidade» tornou-se o seu próprio tema — não à maneira antiga, à maneira de Winckelmann, que concebia a influência clássica como calma e idealista, mas antes como a recordação do que fora domado e posto ao serviço do homem. Acreditava que imagens que tiveram a sua origem no terror arcaico se repetiriam em contextos mais tranquilos; envolveriam, nesse caso, a mentalidade de outra época.

Um lema de Warburg era «Deus mora no pormenor»(45); mas a sua observação do pormenor, a sua escolha dos interesses dependia de uma maior necessidade de uma teoria que pudesse acumular a repetição simbólica nas condições históricas em mudança. Após a Primeira Guerra Mundial passou seis anos num hospital de alienados; ao retomar o seu trabalho, em 1924, andava ainda à procura de uma teoria da memória transindividual. Socorreu-se das doutrinas de Richard Semon(46), que versavam os engramas ou vestígios de memória no indivíduo, e alargou esta noção, a fim de poder pensar em formas e símbolos que se repetissem como engramas ou vestígios na memória de uma cultura. Os artistas estabelecem contacto com estas energias mnemónicas, e a história da arte pode ser vista como uma história de reinterpretações, actualizações destes símbolos no curso das quais são expurgadas do seu êxtase e terror originais. Deste

---

(44) M. Podro, *The Critical History of Art* (1982), 157.

(45) A origem desta expressão, muito questionada posteriormente, parece ter sido agora encontrada em Hermann Usener, cujo método era procurar leis gerais estudando um dado específico (Sassi, 86, citando D. Wuttke). Usener apresenta diversas versões, nenhuma completamente idêntica à de Warburg. Sassi mostra que Dilthey tem a mesma ideia expressa de modo diferente, e atribui-a a Goethe; está convencida de que Warburg leu Dilthey. Encontramos aqui outro indício de que Warburg escolheu de entre os vários rumos diferentes da tradição alemã o tema que mais lhe interessava e o desenvolveu por si.

(46) R. Semon, *The Mneme* (trad. 1921).

modo, disse ele, «os contributos da humanidade para o sofrimento tornam-se posse do homem» [47]. Poderia, por exemplo, comparar *Déjeuner sur l'herbe* de Manet, com o sarcófago que, através dos intermediários do Renascimento, é a sua origem, e chamar ao quadro de Manet a transformação de um «engrama fóbico» [48].

Estas ideias têm um valor prático, independentemente de qualquer interesse de que possam revestir-se como teorias; proporcionam métodos de estudar o pormenor, e de escolher quais os pormenores a estudar. Em 1893, Warburg escreveu a sua tese sobre *O Nascimento de Vénus* e a *Primavera* de Botticelli. Como imaginavam Botticelli e os seus protectores os antigos? Para responder a estas questões é preciso um conhecimento pormenorizado de assuntos como as relações entre artistas, protectores e humanistas. Warburg deu algumas respostas, especialmente no que se refere às fontes literárias destes quadros, e apesar de existirem muitas propostas antagónicas para os programas das obras, este primeiro estudo de Warburg continua a ser citado e, por norma, apoiado [49].

Em face disto, nada se assemelharia menos ao ensaio de Pater, ou até ao conhecimento seguro de Horne, do que esta peça da história da arte alemã. No entanto, Warburg tinha certamente, em comum com Horne, uma fastidiosa antipatia pelo culto novo e vulgar do *Quattrocento* e em particular por Botticelli — com efeito, se considerarmos tudo o que Horne tencionava excluir quando confessou a Yeats que não haveria, na sua obra sobre Botticelli, «lugar para a literatura». E talvez tivessem em comum algo de mais positivo.

Warburg viu na figura da mulher a correr na *Primavera*, com o vento a colar o vestido ao seu corpo, um motivo clássico específico — um exemplo da *Nachleben* de uma forma antiga, que constituía também uma espécie de emancipação das rígidas modas nortenhas do gosto florentino contemporâneo. A fonte literária do poema — Ovídio, que nos chega através do poeta contem-

---

(47) Gombrich, 250.

(48) Gombrich, 241 segs., 275.

(49) Por exemplo, E. Panofsky, *Renaissances and Renascences in Western Art* (1960) (Harper Torchbook, 1969), 191-200; E. Wind, *Pagan Mysteries of the Renaissance* (1958), 100-120; E. Gombrich, «Botticelli's Mythologies» (ver n.º 13); mais recentemente, R. Lightbrown (ver n.º 17), que encontra uma mensagem mais simples na «carnalidade pura» dos quadros do que os programas neoplatónicos ou altamente éticos apresentam (Lightbrown, 81); e Paul Holberton, «Botticelli's 'Primavera': che volea s'intendesse», *Journal of the Warburg and Courtauld Institutes*, 45 (1982), 202-10, defende que Warburg estava de um modo geral certo em relação às fontes e temas, apesar de a senhora na posição central do quadro não ser Vénus. Holberton está de acordo com Gombrich ao detectar uma intenção ética, apesar de para ele o tema não ser a humanidade mas a conversão da luxúria da Primavera em apenas *gentilezza* — o amor a dominar o desejo selvagem.

porâneo Poliziano — apresenta também uma idêntica versão moderna do antigo; mas a imagem visual tem um carácter sugestivo especial. A figura feminina com as vestes agitadas pelo vento, como por vezes se verifica na arte do final do século XV, foi designada por Leonardo a «Ninfa», e Warburg aproveitou a palavra([50]). Muito antes, Hyppolite Taine resolvera destacar uma figura no fresco de Ghirlandaio do nascimento de São João Baptista, em Santa Maria Novella. «No *Nascimento da Virgem*, a menina de saia de seda, que vem fazer uma visita, é a jovem séria e recatada, de boa condição social; no *Nascimento de São João* uma outra, de pé, é uma duquesa medieval; perto dela, a criada que traz frutas, com vestes que parecem esculpidas, tem o impulso, a vivacidade e força de uma ninfa antiga, e as duas épocas e as duas ordens de beleza que se encontram assim, unem-se na simplicidade do mesmo sentimento verdadeiro»([51]). Mas Taine vai ao ponto de admitir que a estas telas, conquanto interessantes, faltam ainda a perícia, a acção e a cor, pertencendo como pertencem ao dealbar ou à primeira luz do Renascimento. Warburg não teve necessidade de fazer estas concessões inspiradas em Vasari; a Ninfa de Ghirlandaio despertou tanto o seu interesse, que tinha projectado um estudo sobre o motivo.

Na correspondência um tanto jocosa de Warburg com um amigo igualmente interessado na Ninfa, esta é comparada a Salomé, que dançou «com o seu encanto portador de tragédia frente ao libidinoso tetrarca», e também a Judite. «Havia», segundo afirma Gombrich, «na figura algo que impressionou os dois estudantes de arte como personificação da paixão»; e, apesar de Gombrich encontrar uma explicação para este entusiasmo nas parecenças entre a Ninfa e a «nova mulher» da época de Warburg, e na necessidade de um movimento menos limitativo

---

([50]) Gombrich, 65.

([51]) Hypolite Taine, *Italy: Florence and Venice*, trad. J. Durand (1889), 129. Taine fala também de «contornos secos, cores esbatidas e figuras irregulares e sem graça» associadas a um «sentimento profundo e ardente» na pintura do período. A respeito da dama e da ninfa no *Nascimento de São João*, acrescenta: «Subsiste nos seus lábios um sorriso fresco; debaixo da sua semi-imobilidade, sob estes restos de rigidez que a pintura imperfeita deixa ainda, adivinha-se a paixão latente de um espírito intacto e de um corpo saudável. A curiosidade e o requinte de épocas posteriores não as atingiram. Nelas o pensamento está adormecido; caminham ou olham a direito com a calma e a serenidade da pureza virginal; em vão tentará a educação com todas as animadas elegâncias rivalizar com a sua gravidade singularmente divina.

Por isso prezo tanto os quadros desta época; não me debrucei sobre nenhuns outros em Florença. São frequentemente deficientes ao nível da técnica e sempre soturnos; faltam-lhes, simultaneamente, a acção e a cor. É a alva do Renascimento, uma alva cinzenta e um pouco fria, tal como na Primavera quando a tonalidade rósea das nuvens começa a tingir um pálido céu cristalino, e quando, qual dardo flamejante, o primeiro raio de sol desliza sobre a crista dos sulcos».

no desporto e na dança, afirma também que «nenhum dos textos de Warburg publicados evidencia tanto a marca do *fin-de-siècle* e do culto renascentista tão em voga naquela altura e se aproxima tanto dele quanto este plano prematuro». A Ninfa, seja em Botticelli, seja em Ghirlandaio, foi uma personificação do «paganismo» do Renascimento, uma «erupção de emoção primária através da crusta do autodomínio cristão», uma palavra que Warburg retirou de Herbert Spencer[52].

«Tê-la-ei já encontrado?» Será uma recordação que remonta a há «um milénio e meio?» É a Ninfa a Ménade, ou um vestígio dessa figura que brota da arte do *Quattrocento* como Salomé da do *fin-de-siècle*? Warburg estava sem dúvida a concebê-la de uma maneira para a qual, muito mais tarde, iria encontrar termos concretos em Semon; ela é a reinterpretação de um engrama, revestindo a energia da velha imagem, civilizando-a. Ela representa a maneira como as formas antigas podem ser modernas. Ao compreendermos a comunhão de Botticelli com o passado, é-nos também permitido compreendermo-nos a nós próprios.

Assim, no seu modo muito diferente, Warburg estava também fascinado pela dança de Salomé; para ele, bem como para Yeats, tal figura representava a sobrevivência da modernidade das imagens perpetuada num processo de memória que transcendia o indivíduo. O que assinala a diferença entre o poeta autodidata e o frequentador de seminários e bibliotecas é em parte uma questão de tom, mas sobretudo devido ao tipo de sistema intelectual que cada um, consoante a sua formação, escolheu. As explicações de Warburg tendem a apresentar um carácter científico, como era exigido pela sua formação; Yeats preferia a magia.

Ao longo dos anos, Warburg foi constituindo uma biblioteca enorme, interdisciplinar e idiossincrática, instalada inicialmente no Instituto em Hamburgo. Chamou-lhe «posto de observação da história cultural». Tudo o que estivesse relacionado com a *Nachleben* deveria encontrar-se lá[53]. Para o estudo do pormenor e da repetição socorreu-se de grandes telas onde combinava imagens e estudava as suas interrelações mnemónicas; transportou estes quadros por toda a Europa em combóios, instrumentos sumptuários para o estudo dos vestígios da memória cultural, um culto a

---

[52] Gombrich, 106 segs., 169.

[53] Sassi, 90, regista a «estupefação» de Ernst Cassirer quando se deslocou ao Instituto em Hamburgo, em 1920, e viu que Warburg, então ainda muito pouco conhecido, juntara na biblioteca — como que deliberadamente para ele — todo aquele material, colocando livros de magia ao lado dos de astrologia e folclore, associando arte, literatura e filosofia da maneira mais conveniente para a compreensão das relações entre as várias «formas simbólicas».

Mnemosina, cujo nome lhe sugeriu o título para a sua última obra projectada. Era possível ver nestas telas a relação entre Judite e uma antiga caçadora de cabeças e também a imagem sublimada de uma rapariga transportando um cesto de fruta, que tanto poderia ser a Ninfa como a Hora de Outono ou Raquel junto ao poço, no fresco de Botticelli existente no Vaticano. De uma forma jocosa, talvez, poderá associar-se a ménade a uma golfista. Gombrich ilustra o quadro da Ninfa: um *tondo* de Filippo Lippi, exemplos da origem clássica dos véus agitados pelo vento, um marfim do princípio da era cristã, uma fotografia de uma camponesa italiana com um cesto à cabeça, ninfas de imitação em cartazes de viagens. Warburg chamou ao quadro *Das Marchen vom Fraulein Schnellbring* — outra brincadeira, mas associou-a também a estados maníacos, de si próprio e da história cultural[54].

Facilmente se verifica que o seu trabalho foi simultaneamente propiciado e cerceado pela sua própria psicologia, e prosseguiu-o apaixonadamente sem nunca justificar plenamente o seu método. Gombrich faz notar que é impossível afirmar «onde acaba a metáfora da sobrevivência e onde começa uma crença na vida autónoma destas entidades [os símbolos arcaicos]»[55]. Mas talvez nunca seja simples distinguir entre a expressão sistemática das crenças e necessidades ou tendências mais obscuras, para as quais estes sistemas podem servir de metáforas.

O estudo da *Nachleben* tem revestido novas formas, apesar de se reconhecer que seguem a tradição de Warburg, e testemunha a continuação da sua paixão pelo pormenor, o seu culto de Mnemosina. Ele próprio estava extremamente consciente de que esquecer e confundir eram partes importantes da acção da memória. Apontou os erros da *camerata* florentina, que procurava fazer reviver a música antiga, interpretando-a e tornando assim possível a ópera moderna[56]. Sabia que as divindades pagãs, que haviam sobrevivido de formas quase irreconhecíveis até recuperarem o seu antigo esplendor e os seus atributos originais no Renascimento, não foram, todavia, o que tinham sido; o seu poder foi alterado, o seu lugar e a sua função nas mentes de homens de outras épocas foram diferentes; inclusivamente, uma estátua antiga não podia ser vista com os olhos dos antigos. O que sucedeu a estas coisas, disse ele, «depende da constituição subjectiva do que foi criado mais recentemente e não do carácter

---

(54) Gombrich, 297-302.
(55) Gombrich, 315.
(56) Gombrich, 87.

objectivo do legado clássico... Cada época tem o renascimento que merece» [57]. Não deixava porém, de estar ansioso por corrigir os erros de anteriores estudiosos em relação ao verdadeiro carácter histórico do Renascimento italiano, esperando, sem dúvida que a sua própria época fosse merecedora da verdade.

O seu Instituto, retirado à pressa da Alemanha nazi, recebido em Londres e agora definitivamente implantado em Bloomsbury, tinha uma história que ele não podia de modo nenhum prever, e é ali efectuado um trabalho que ele não podia ter calculado. A língua falada nos corredores já não é na sua maior parte a alemã, e o actual director é o primeiro cuja língua-mãe é o inglês. Mas a biblioteca respeita a ideia de Warburg, concebida, como dizem, não para nos levar ao livro que procuramos, mas àquele de que necessitamos. A colecção fotográfica funciona ainda com as telas de Warburg, apesar de não me parecer que as imagens dela constantes sejam consideradas engramas e o conhecido estilo de palestra de Warburg carecer ainda de dois projectores para comparação das imagens. Sobre a porta encontra-se escrito, em caracteres gregos, MNEMOSINA.

«Das ideias gerais a que atribuo tanta importância», escreveu Warburg, «dir-se-á ou pensar-se-á um dia que houve pelo menos um tanto a favor destes esquematismos erróneos, o terem-me entusiasmado a agitar factos individuais até então desconhecidos» [58]. Que ele agitou factos não oferece a mínima contestação; mas sobrou muito mais do que o facto. É perfeitamente possível ver, por exemplo, na obra de Panofsky sobre o Renascimento e a Renascença, e sobre a interligação da história com a interpretação — sobre a *Nachleben*, por assim dizer, de teorias respeitantes à *Nachleben* — ou no interesse muito diferente de Gombrich pela memória e pelo simbolismo e no seu gosto pelo pormenor significativo, transformações de temas e preceitos manifestamente warburguianos. Quando Sir Ernest afirmou recentemente, na Academia Americana de Artes e Ciências, que as ciências humanas eram a memória da cultura, estaria, talvez deliberadamente, a dizer aquilo que o seu antecessor poderia ter dito em semelhante ocasião. Como vimos, a interpretação das Vénus de Botticelli prossegue com muitas variações; mas, apesar de diferirem, estão plenamente conscientes da tradição em que têm o seu lugar, e da importância de Warburg na sua constituição. É de facto, inconcebível que tal interpretação venha alguma vez a cessar, ou que não contenha algum erro, ou que a veia da interpretação de uma

---

[57] Gombrich, 238.
[58] Gombrich, 305.

geração mais recente imite exactamente a dos seus antecessores. Se tivermos sistemas, não serão os sistemas desses antecessores. Como diz Michael Podro no final do seu estudo da tradição artístico-histórica alemã, «nenhum sistema, nenhuma perspectiva sistemática deverão ser considerados idênticos ao nosso próprio pensamento ou ponto de vista. Estabelecer tal identificação seria incompatível com a mente que preserva a sua liberdade» [59]. E, no entanto, *há* continuidade, *há* uma tradição.

Temos então aqui dois estudiosos, um deles transferindo para o *Quattrocento* e em especial para Botticelli tudo o que aprendera de uma tradição de saber largamente alemão, o outro descobrindo a sua admiração pelo pintor e o seu interesse pela história de Florença ao trabalhar e distrair-se no meio de artistas, poetas e dançarinas da Londres do *fin-de-siècle*. Florença foi a fonte e o foco das suas investigações totalmente independentes; não fosse a fase de ignorância de Botticelli, e dificilmente se imaginaria que os dois alguma vez se pudessem ter encontrado ou, na verdade, quisessem encontrar. Mas assim sucedeu, e em Florença. Académico e amador, cada qual respeitou o saber alheio, e Horne fala de Warburg em tons muito diferentes daqueles em que se referiu a outro especialista alemão do *Quattrocento*, Schmarsow. Tornaram-se amigos, e quando Warburg não se encontrava em Florença correspondiam-se. Depois, a guerra dividiu-os; mas quando Horne estava às portas da morte, em Florença, em 1916, Warburg veio vê-lo, apesar de cidadão de uma nação inimiga, e de Warburg ser um alemão patriota.

Assim se uniram duas vidas de sabedoria; mas a *Nachleben* de Horne divergia amplamente da de Warburg. Tal como o seu fundador, o Museu Horne é praticamente desconhecido, enquanto o Instituto de Warburg, fundado em Hamburgo, prospera transformado na cidade-natal de Horne, com efeito em Bloomsbury, cenário de tanta da actividade de Horne; não uma cidade ou um bairro em que Warburg alguma vez o pudesse ter imaginado. Horne não era rico, e em qualquer dos casos, não teria querido fundar uma academia; à semelhança do seu amigo Berenson, desconfiava bastante da sabedoria alemã. Tudo o que os dois — Warburg e Horne — tinham em comum era uma crença em que a verdade residia no pormenor, e uma paixão pelo *Quattrocento* e especialmente por Botticelli — um pintor de quem, tivessem nascido um século antes, poderiam nunca ter ouvido falar ou, se nascidos meio século antes, poderiam não ter

---

[59] M. Podro, *The Critical Historians of Art* (1982), 214.

considerado merecedor de mais de um olhar ou um pensamento passageiros.

Espero ter demonstrado que foram ambos afectados por um movimento de gosto que escapava ao seu controlo. Horne, apesar de todas as suas críticas, delicadas ou não, a Pater, Ruskin e à arte da sua juventude, não consegue escapar completamente àquilo que designava por «literatura»; o seu Botticelli pode ter o *aria virile* atribuído ao pintor pelos severos contemporâneos florentinos, mas é também o visionário, melancólico e por vezes bizarro que Pater viu, ou julgou ter visto. Warburg, considerado muito distanciado do mito e da moda vanguardista, não conseguiu evitar em absoluto o contágio da Agonia romântica, nem da associação da dançarina às perfeições secretas da arte que tanto dominaram o pensamento estético dos seus anos de juventude. Também se cria objectivo; mas existe uma diferença significativa no estilo da sua objectividade e no da de Horne. Warburg considerou o significado do pormenor (das vestes da Ninfa ou das suas flores) inserido num ambiente de história cultural sem limites discerníveis; em princípio, precisou de todo o conhecimento para compreender a memória cultural. As suas repetições arcaicas numa civilização em devir devem ser estudadas na ciência, na magia e na religião, assim como na arte. Por detrás dele encontravam-se aqueles professores poderosos, esquematizadores. Warburg deve ter achado extraordinária a confiança de Horne nos seus próprios olhos e na sua própria mente. Não estava de modo nenhum consciente, tanto quanto podemos afirmar, de qualquer dificuldade que viesse a surgir pelo facto de ver o objecto do seu estudo com olhos que transcendiam o tempo. Não lhe interessava o método; bastavam-lhe os arquivos. E se pusermos de parte, como decerto ele não fez, o aspecto caracteristicamente frio da sua prosa, e a sua admirável orientação de uma narrativa complicada, seremos levados a pensar no seu livro como uma obra subordinada a outras obras, já que os arquivos fornecem mais informação (apesar de, na verdade, terem fornecido pouca; não foi preciso Pope-Hennessy levar muito tempo, no seu prefácio à nova edição, a enumerar os aspectos em que Horne fora ultrapassado ou se provara estar errado). Não existe subjacente à obra de Horne uma teoria da arte e da cultura como Warburg pretendia, sem nada de simbolismo, nem de doutrina da memória, quer literal, quer metaforicamente pretendida. Não existe um mito para ignorar, excepto talvez o da autonomia da observação empírica em relação à teoria.

Botticelli tornou-se canónico não através do esforço intelectual, mas por acaso, ou melhor, por opinião. Passou a estar à disposição destes dois estudiosos que o aceitaram ao mesmo tempo que queriam informar essa opinião, que se deixaram impressionar pelo gosto da sua própria época, mas se dedicaram à missão de converter a opinião em métodos de conhecimento e temperamentos muito diversos. Pouco na obra-prima de Horne se pode rejeitar por constituir um fracasso da ambição intelectual. Warburg deixou-nos um legado não só de descobertas, mas de métodos e atitudes; e estes, como ele bem sabia, precisavam ser modificados ou até eliminados, quer em virtude de falhas detectáveis, quer porque o novo trabalho pode necessitar de novas ideias sobre todo o enorme tema, mesmo que o que deva ser visto de novo se revele ínfimo. O que fica é um depósito de saber, sugestões para possíveis procedimentos, formas de decidir a verdadeira natureza dos problemas. A relegação da «teoria» para o esquecimento parcial pode por vezes ser retardada, na medida em que instituições poderosas, até certo ponto, conseguem atrasar a mudança temporal. Mas é normalmente rápida, e o seu uso é basicamente a consolidação de alguma obra de arte, talvez apenas como explicação da sua razão de *ser* canónica, de necessitar de sucessivas tentativas de interpretação que Donne designou por «coisas sem interesse, questões práticas»; Horne descobriu muitas delas, talvez como sucedeu também em relação aos membros não canónicos da *scuola*. Mas não mantêm a vida de uma obra de arte de uma geração para a seguinte. Só a interpretação o consegue, e é tão susceptível de erro quanto a opinião ignorante que levou Botticelli a ser falado entre os eruditos.

Mas estou agora a generalizar vagamente em relação a questões que são o tema específico do meu terceiro capítulo. E antes de as retomar, preciso de me debruçar sobre um caso que suscita questões inteiramente diversas das apresentadas pela aceitação novecentista de Botticelli, e as consolidações permitidas pela investigação dos arquivos e da teoria artístico-histórica. Se se pressupuser que algo de novo deveria ser afirmado regularmente, como se pode antão dizer qualquer coisa de novo, e não manifestamente absurda, em relação a *Hamlet*?

2. Cornelius
e Voltemand:
A Dualidade em *Hamlet*

Vimos Botticelli ser salvo do esquecimento, ou algo de semelhante, e pelo menos começámos a considerar como tal foi feito, e
quais as implicações que isso teve para nós. Volto-me agora para
o caso quase oposto de *Hamlet* — uma obra que desde o princípio parece ter disfrutado de celebridade, e que, pode afirmar-se
com segurança, só se veria privada da nossa estima por uma
revolução quase inimaginável ao nível do gosto.

É certo que se fizeram tentativas no sentido de desalojar
Hamlet da sua posição de destaque no cânone secular. Voltaire,
no decurso da sua longa campanha movida contra Shakespeare,
afirmou que a peça não tinha regra, *une pièce grossière et bar-
bare*, que em França seria unicamente própria para campone-
ses[1]. É óbvio que a sua perspectiva das qualidades que os
homens honestos deviam venerar na arte era muito diferente e
não se conseguiu impor. Tivesse tal sucedido, e estaríamos todos
a viver num mundo completamente diverso, pois uma tão grande
mudança na nossa maneira de apreciar o valor não poderia ter
lugar sem uma sublevação de proporções ainda maiores na cultura e na sociedade. Tolstoi, que escolheu *Rei Lear* como seu
alvo predilecto, estava consciente da envergadura da sua tarefa,

---

As referências a *Hamlet* são da edição Arden, ed. H. Jenkins (1981). Para todas as
outras obras de Shakespeare reporto-me a *The Riverside Shakespeare*, ed. G. B. Evans
(1974).

[1] Ver Paul S. Conklin, *A History of Hamlet Criticism: 1601-1821* (1957).

pois atacou não só a peça extremamente sobrevalorizada, mas também a corrupção de uma sociedade que apoiava essa valorização, em detrimento dos seus membros. De *Hamlet*, queixou-se que o herói não tinha qualquer carácter, não obstante os encómios dos eruditos. A ideologia de Shakespeare fora invenção, estava ele convencido, do Iluminismo alemão, que considerava desastrosamente religioso. Para triunfar com o seu ataque teria de ter triunfado também com a sua nova religião e de conceber uma sociedade futura mais feliz por não ter Shakespeare, ou, no seu caso, *Anna Karenina*. Outro famoso ataque, o de Rymer, a *Otelo*, baseou-se na convicção do crítico de que sabia exactamente o que devia ser uma tragédia, tanto no que se refere à sua forma como à finalidade ética. O tempo demonstrou que estava errado; que *Otelo* era capaz de — ou, tal como nos prova Gabriel Harvey, *Hamlet* procurara desde o começo — agradar ao carácter mais sagaz.

Que tal sucedeu ao proporcionar-lhes a possibilidade de afirmarem as coisas mais extraordinariamente diferentes a seu respeito é o que se constata através da história das críticas a *Hamlet*. Conklin apresenta provas de Hamlets masculinos e primitivos, humanos, alegres e solenes, melancólicos e gentis, autoritários e selvagens, cautelosos, grosseiros, heróicos, fracos, super-subtis e atrasados. Em 1778, o príncipe foi naturalizado alemão e Goethe apresentou não só o «impressionismo flagrante» da sua crítica em *Wilhelm Meister*, mas também algumas observações, possivelmente no fim ainda mais influentes, sobre a integridade e a unidade parcialmente ocultas de toda a peça, em contrapartida com a personagem.

Por detrás de Goethe e de Frederich Schlegel e Coleridge também, podemos distinguir o vulto das meditações filosóficas próprias deles próprios e da sua época, em vez das de Shakespeare e da sua época e o facto de ser possível fazê-lo, constituiu a marca de um grande crítico. Um tal crítico alterará ‚pelo força a corrente do comentário tradicional, e essa força é o produto de uma mente em si alienada do lugar comum por operações a uma escala mais vasta do que a crítica normal pode ou precisa de tentar. O efeito de semelhante trabalho é sempre dar um aspecto diferente à obra sujeita a apreciação, alterar o seu equilíbrio interno, tratar do que foi considerado marginal como se devesse ser aproximado do centro, mesmo que tenha por implicação perder o que até ali se afigurou manifestamente central.

Visto não possuirmos experiência de um texto venerável que garanta a sua própria perpetuidade, podemos afirmar racionalmente que o meio em que sobrevive é o comentário. Todo o comentário sobre estes textos varia de uma geração para a seguinte porque dá resposta a necessidades diferentes; é primordial a necessidade de continuar a falar, é igualmente urgente a necessidade de o fazer de modo diferente, e não um dever que se desenvolveu numa determinada profissão, uma profissão que, pelo menos até há bem pouco tempo, tem tendência para julgar as acções dos seus membros pela sua capacidade de afirmar algo de novo a respeito dos textos canónicos, sem os desfigurar. O respeito pelo sentido puro é uma limitação muito antiga à interpretação livre, mas as linhas mestras hermenêuticas ou *middot* dos primeiros rabis não foram meramente restritivas; deram-nos úteis sugestões quanto à maneira de chegar a estas novas interpretações. Se fôssemos criar agora o nosso próprio *middot*, um deles poderia muito bem ser: o que foi considerado marginal pode pertencer mais adequadamente ao centro. Há cinquenta anos, a «personagem» foi expulsa da sua posição central (apesar de, segundo creio, tal não ter ocorrido entre os leitores comuns e os frequentadores de teatro e, logicamente, entre os actores), e surgiram muitas obras sobre figuras de retórica e sobre as peças como poesia. Não importa que grande parte destas obras caia no esquecimento, ou que ouçamos falar menos do Hamlet freudiano do que do lacaniano — se é que, efectivamente, ouvimos agora sequer falar de tal. Deverão ser feitas novas apreciações e só serão possíveis se forem descobertas, na peça, novas relações, novos ajustamentos de centro e margem, e for dada expressão ao comentário.

Pode suceder que, para se estar consciente desta situação, se tenha de encontrar um elemento de gozo em todo o comentário — como, na verdade, fizeram os rabis, sem por um instante suporem que o que estavam a fazer não era sério; era a coisa mais séria do mundo, por sinal. Refiro aqui este aspecto porque, no que se vai seguir, tenho consciência de estar a jogar uma espécie de jogo. *Hamlet* não é a Tora, mas mesmo assim pode permitir, ou ser alvo de atenções que, num sentido muito restrito e «lúdico», se afiguram quase rabínicas.

Começo por reflectir, que me parece a palavra adequada, sobre as sombras e as aparências, sobre as substâncias e as suas imagens e sobre os espelhos, em algumas das primeiras obras de Shakespeare. Lucrécia é perturbada por sombras, e espera que, por sua vez, Tarquínio também o seja. Hecuba, na tapeçaria de Tróia, é uma «triste sombra» ou reflexo de Lucrécia, uma imagem silenciosa de si própria a que pode dar fala. Que dualidade mais ilusória, pois a parecença de Lucrécia com Hecuba reside apenas no facto de o rapto ser comparável à queda de Tróia, a cidade de Hecuba traiçoeiramente invadida. Mas Hecuba é uma imagem de destruição.

No Soneto 37 o filho é chamado sombra do pai, mas está activo, ao passo que o pai se encontra impossibilitado, e, por isso, tem mais substância do que o pai. A pessoa amada só pode ser uma sombra; mas a sua «sombra as sombras transformam em luz» (43); e esta colisão de sombras, que dá origem a uma imagem viva, estimula no verso seguinte uma colisão de «formas» — «Como haveria a forma da tua sombra de formar uma feliz imagem» — em que o substantivo repete o verbo e dá origem a uma imagem, um aparecimento, uma exibição, que é aqui, embora não sempre, «feliz». Não existe sombra sem uma substância, nem imagem sem uma forma que a forme. Semelhante beleza como a da juventude deve ter muitas sombras, cujos tipos são o reconfortante antitipo. «Qual é a tua substância, da qual és feito / Que milhões de estranhas sombras para ti se encaminham?» (53) Aqueles tipos podem ser Helena, ou Adónis, ou talvez uma rosa («Porque haveria a pouca beleza de indirectamente procurar / Rosas de sombra, já que a sua rosa é verdadeira?» [67]), isto é: as rosas verdadeiras são irreais, apenas substitutos fenomenais da rosa numenal, a juventude.

A relação entre a substância e a sua representação como sombra ou reflexo é sempre difícil e — como dei a entender — pode levar o poeta ou o seu crítico a complexidades teológicas e filosóficas. A palavra «imagem» em si é muito traiçoeira. Será que a «doce virtude» da juventude responde à sua «imagem» ou é a sua beleza como a da maçã de Eva, que foi apenas um bem aparente (93)? «Aqueles que têm o poder de ferir e não o fazem, / Que não fazem aquilo que mais demonstram» (9) é uma célebre dificuldade, mas pelo menos nota-se um constraste entre o que parece e o que efectivamente é feito. E mesmo nos Sonetos, o mundo que é um palco, é também uma ilusão («este enorme palco nada apresenta senão imagens» [15]). Sombra e substância, ilusão e realidade, são pares de opostos. Em conjunto, exprimem paradoxo, impossibilidade, *concordia discors* ou *discordia concors*, algo que, talvez de modo fascinante, se interpõe entre um amante e o seu desejo: «o amado — a amante da minha paixão» (20). O sexo é um símbolo destes disjuntos combinados, como iremos ver.

No teatro, em si uma réplica do mundo, o seu próprio Globo, Shakespeare cedo começou a manifestar interesse pelos duplos. A tradição cómica ofereceu-lhe gémeos e na *Comédia de Enganos* duplicou os duplos de Plauto. *Os Dois Cavalheiros de*

Verona apresenta um par de amantes, um fiel, o outro não, juntamente com muitos diálogos sobre sombra e substância. O traiçoeiro Proteu pede a Sílvia, a amada do seu amigo, o retrato dela:

Já que a essência do vosso perfeito ser
A outro está dedicada, não passo de uma sombra;
E à vossa sombra dedicarei verdadeiro amor.

Júlia, a sua amada, que por acaso está à escuta nesta cena, comenta, num aparte, «Se fosse uma substância decerto a iludiríeis, / E dela faríeis uma sombra como eu sou»; e Sílvia responde depois a Proteu: «Tenho muita relutância em ser vosso ídolo, senhor, / Mas como a vossa falsidade vos ficará bem / Sombras venerais e falsas formas adorais...», ela entregar-lhe-á o seu retrato (4.2.123 segs.). Esta bela cena é muito mais complicada do que parece à primeira vista. Proteu arrasta a oposição sombra-substância dizendo que o facto de Sílvia estar prometida a Valentino o reduz a uma condição em que ele só pode amar uma imagem e não uma substância; Júlia comenta que se essa sombra-imagem fosse uma substância, a perfídia de Proteu não tardaria a reduzi-la a uma sombra; foi o que ele lhe fez, e noutro sentido ela é uma sombra, por estar disfarçada de rapaz, e é uma sombra ou uma falsa aparência do seu eu substancial. Sílvia, apercebendo-se talvez da palavra «dedicada», reflecte que uma sombra é uma imagem e uma imagem um ídolo, uma imagem esculpida, pelo que é apropriado o falso Proteu curvar-se perante algo igualmente falso, como uma falsa imagem do verdadeiro Deus. Claro que todos os intervenientes participam numa representação e, na verdade, as duas mulheres são representações noutro sentido, já que Sílvia é um rapaz a fazer-se passar por uma rapariga, o amado-a amante, e Júlia um rapaz que se faz passar por uma rapariga que finge ser um rapaz.

Como toda esta duplicidade é muito teatral, não nos deveremos surpreender por não se circunscrever à comédia. *Tito Andrónico* é uma sombra da história ovidiana de Tereu. O raptor de Ovídio é substituído em Shakespeare por dois raptores, Demétrio e Chiron. O tormento de Lavínia é duplo do de Filomela de Ovídio, a quem cortaram a língua para evitar que identificasse o seu assaltante; a Lavínia são também cortadas as mãos para evitar que escreva os nomes, sendo a escrita um duplo, ou sombra, da fala, à disposição da Lavínia-sombra mas não da Filomela-substância, oral. Deste modo, a peça convida-nos a emular o louco herói, e tomar «falsas sombras por substâncias verdadeiras» (3.2.80). A figura é usada repetidamente nas peças *Henrique VI*, por vezes não muito convincentemente (Talbot como sombra da sua substância, as tropas, *Henrique VI, I* 3.5.45), por vezes superficialmente, como quando o Rei Carlos de França, reduzido à posição de vice-rei, não será senão uma sombra do seu primeiro eu (*Henrique VI, I*, 5.4, 133 e segs.) ou quando (*Henrique VI, II* 1.1.13-14), um embaixador é a sombra do seu rei; mas por vezes, com mais do que a habitual complexidade, como por exemplo quando Clarence e Warwick em *Henrique VI, III* (4.6.) se tornam a dupla sombra do Rei Henrique, com a sugestão de que apesar de o rei dever ser a substância, são as sombras que realmente actuam.

Variações mais ou menos simples sobre o tema nos surgem noutras peças históricas (ver, por exemplo, *Rei João*, 2.1.496 segs.), mas a única ocorrência que necessito de discutir aqui é bastante difícil, em *Ricardo II*, quando Bushy consola a Rainha após a partida de Ricardo (2.2.144 segs.):

Cada substância de uma dor tem vinte sombras,
Que se mostram como a própria dor, mas não é assim;
Pois os olhos da tristeza, brilhando com lágrimas que cegam,
Dividem uma coisa inteira em muitos objectos,
Como perspectivas, que se bem vistas
Nada mostram a não ser confusão; olhadas de lado
Distiguem forma; assim, vossa doce Majestade
Ao olhar de lado a partida do vosso amo,
Encontra formas de dor, mais do que ele próprio, para se
                        lamentar,
Que vistas como são, mais não são do que sombras
Daquilo que não é.

O conceito de consolação de Bushy baseia-se na ilusão óptica chamada anamorfose, que interessou alguns pintores do século XVI; um exemplo famoso é o quadro de Holbein, *The French Ambassadors* (1533), em que entre os pés dos dois homens existe uma configuração elíptica, sem forma quando vista de frente, mas que, se olhada de lado, representa um crânio, um *memento mori*. Às vezes, só é possível interpretar estas formas sem forma, com o auxílio de prismas ou lentes; mais de um século depois de Holbein, retratos evocativos de Carlos I eram assim mantidos em segredo. A gente vulgar estava familiarizada com a anamorfose sob a forma de «perspectivas», imagens duplas, normalmente retratos pintados sob o mesmo fundo de tal forma que se via uma delas olhando para o quadro de um lado e a outra se se passasse para o lado de lá; de frente só se notava uma mancha difusa. Shakespeare menciona estes truques por mais de uma vez;

veja-se por exemplo, *António e Cleópatra* (2.5.116-117), «Apesar de ele estar pintado de um lado como uma Górgona / Do outro é um Marte». A aplicação mais importante da ideia, como iremos ver, é em *Noite de Reis*.

Bushy está, então, a dizer que os olhos da rainha, rasos de lágrimas, multiplicam uma dor substancial em muitas dores sombrias, dores patentes. Mas, tendo-se lançado numa figura de estilo retirada da óptica, desenvolve-a: a rainha é alguém que olha para uma perspectiva de frente («directamente»), e não vê nada senão confusão de formas ou sombras, ao passo que de lado, olhando em viés, ela poderia ver que só havia uma figura substancial, uma dor. Infelizmente, Bushy faz confusão, e diz que a Rainha tem estado a olhar de lado para o objecto, e o conceito não resulta bem, conquanto a confusão não se afigure de todo inadequada.

Na cena da Deposição, Ricardo pede um espelho e, quando o recebe, fala por um instante como um soneto; depois de estudar a sua imagem, parte o espelho: «Como a tristeza destruiu depressa o meu rosto», diz ele, e Bolingbroke responde-lhe: «A sombra da tua dor destruiu / A sombra do teu rosto». Ele sabe que a imagem no espelho era uma sombra, e julga saber que a emoção ou a raiva ou a petulância, que levou Ricardo a partir o espelho foi a sombra lançada por uma dor substancial, uma falsa imagem exterior. Ricardo fica satisfeito com a sugestão de Bolingbroke, e comenta essa sugestão de modo a torná-la mais compassiva do que fosse talvez a intenção:

> É muito verdade, a minha dor mora toda cá dentro,
> E estes modos exteriores de lamentos
> São meras sombras da dor invisível
> Que aumenta em silêncio na alma torturada.
> Aí reside a substância... (4.1.291 segs.)

Nem sempre é fácil quando se trata de reis, distinguir sombra e substância. Dos dois corpos do Rei, qual é substância e qual é sombra? Despojado dos seus «adornos» — «desfeito rei» na designação de Ricardo — Lear pergunta quem lhe pode dizer o que ele é, e apenas o Bobo o faz: «a sombra de Lear» (1.4.230-31). As vestes de reis e magistrados, os seus adornos, causam uma bela imagem, mas são a substância dos seus cargos e poderes. Cada um dos dois corpos do rei é substância da sombra do outro; constituem uma união hermafrodita a que só a morte pode pôr termo.

Nos teatros, espelhos do mundo, mas também por todo o lado, como por exemplo, quando o Lord Mayor efectua o seu

Desfile através das ruas de Londres, o que está em cena chama-se exibição. Pode ser simples («alguns exibem-se para nos dar as boas-vindas à cidade», *A Fera Amansada*, 1.1.47) ou espectacular, como o desfile dos Reis em *Macbeth*, ou o tipo de parada que encontramos nas peças históricas, destinado a agradar «Àqueles que vêm assistir / A apenas um desfile ou dois» (*Henrique VIII*, Prólogo). Ou poderia ser uma pantomina. Seja o que for, a finalidade é demonstrar e exibir, exteriorizar sentimentos ou afirmações que podem ou não corresponder à verdade interior. O teatro é cenário de ilusão assim como de reflexo, e os actores são sombras imperfeitas na representação. Macbeth quer estender a vela que lança a sombra da vida, uma sombra móvel; a noção logo o leva a pensar num actor que se pavoneia e agita em cena, e conta uma história idiota, sem qualquer significado. Shakespeare parece não ter dado muita importância à profissão; a um actor Donne chamou «um simples nada», uma sombra, a mera exibição de uma substância. Para Coriolano, representar é hipocrisia, uma falsa exibição.

O teatro oferecia mais dualismos, todos eles relacionados com substância/sombra, palco e mundo. Mencionei os gémeos da antiga tradição cómica; mas gémeos rapariga e rapaz eram especialmente interessantes como uma espécie de hermafrodita dividido. O aparecimento simultâneo de Viola e Sebastião no final de *Noite de Reis* é assim saudado por Orsino: «Um rosto, uma voz, uma veste e duas pessoas! / Uma perspectiva natural que é e não é!» (5.1.216-17). A óptica de Bushy é imposta aqui ao hermafrodita de Platão, e a afirmação metafísica da peça («Que aquilo que é, é... pois o que é 'aquilo' senão 'aquilo' e 'é' senão 'é'?» [4.2.19 segs.]) é representada por um símbolo que é também uma ilusão óptica. A própria Viola, o rapaz que não é rapaz mas rapariga, não rapariga mas rapaz («Não sou aquilo que represento», 1.5.184; «Não sou o que sou», 3.2.141), então, por fim, envergando verdadeiras vestes de mulher, para ser rapariga apenas na representação, apela ao gosto da época pelo tafetá, ao tipo de prazer nas indefinições eróticas, alimentado pelo teatro e pelos actores masculinos, deplorado pelos pregadores que citavam o carácter definido da lei contra estas erosões antinomianas da fronteira entre uma coisa e a outra(²). É Feste passando por Sir Thopas que afirma que aquilo que é, é e a Viola-rapaz que o refuta sendo e não sendo simultaneamente, mantendo-se dentro da perspectiva com o seu irmão gémeo, imagens idênticas, mas distintas.

(²) Ver L. Jardine, *Still Harping on Daughters* (1983), cap. 1.

Já agora, entre os gémeos de Shakespeare, deveríamos provavelmente incluir *Sonho de uma Noite de Verão* e *Romeu e Julieta*, variantes cómicas e trágicas da história de Pyramus e Thisbe. Dado que essa história, reduzida a uma farsa, é também o tema da peça de Bottom, a comédia é em si dupla e antitética, e a sua linguagem recorda-nos que assim é. «Julgo ver estas coisas com olhos separados», diz Demétrio, «Quando tudo parece duplo». «Também eu julgo», responde Helena, «E achei Demétrio como uma jóia, / Minha e não minha» (4.1.189 segs.). Anteriormente ela dissera a Hermia que em raparigas haviam «crescido juntas / Como uma cereja dupla, parecendo separadas, / Mas, no entanto, uma união na separação» 53.2.208 segs.), que é uma característica das situações shakespearianas. O reino das fadas é uma réplica de Atenas, e a própria peça é uma sombra da substância do mundo. No que se refere aos actores «os melhores no género não passam de sombras». O que é, e o que nos é mostrado, são também uma dupla importante em *Troilo e Cressida*, uma peça sobre a verdade e a sua sombra, a opinião, em que os heróis descobrem que a glória é apenas o que se vê no reflexo de um portão de aço, ou nos olhos dos outros, ou se ouve na reverberação de um arco, aumentando e distorcendo o grito de orgulho (3.3.115 segs.) Cressida, aos olhos divididos de Troilo, apresenta-se pelo menos cortada ao meio, uma mulher e a opinião antitética de um homem a seu respeito (5.2.146). Mesmo em *Júlio César*, em que tanta coisa se faz para garantir que um homem seja apenas um homem (*António e Cleópatra*, 2.6.19), há dois Cinnas, o político e a sua sombra, o poeta, juntando um pouco de Plutarco e um pouco de Suetónio, a populaça, despótica como Calígula, matando a sombra porque a substância não está à mão([3]), tal como os conspiradores matam o mortal César em vez de a sua substância imperial, que é transmitida ao frio mas divino Augusto. *Rei Lear* duplica as loucuras, do Rei e do Bobo, do Rei e do Pobre Tom, pois o Pobre Tom é aquele corpo mortal e a sombra de Lear. Edmund e Edgar são falsos, Regan e Goneril verdadeiros duplos, como o rapaz que pôs manteiga no feno do cavalo e a sua irmã que partiu as enguias na cabeça. *António e Cleópatra* dá-nos Roma e o Egipto como que em perpectiva, uma firme como uma rocha, o outro a fundir-se no seu rio. Cleópatra e Otávia são o par, Voluptas e Virtus, entre as quais Hércules deve escolher; a substância de António dissolve-se como uma nuvem dissipada, como uma sombra, uma exibição

---

([3]) Custa a acreditar, mas não consegui encontrar ninguém que se apercebesse aqui do uso de *Life of Caligula*.

celeste do dragão, do urso, do leão — já não substância, apenas um desfile que passa (4.14.1 segs.).

Tudo leva a crer que era excepcional o interesse de Shakespeare por estes gémeos e pares divididos. Spenser usa «sombra», quase sempre, com o sentido de «obscuridade». É verdade que tem a sua polaridade, Una e Duessa, e que uma é substância, duas ou mais sombras; tem os seus gémeos Florimells, verdadeiros e falsos, o seu desonesto Archimago. Mas, apesar de o seu poema estar cheio de dissimulações e de representações, Spenser não as transforma numa questão linguística. Neste aspecto, Donne aproxima-se mais de Shakespeare; adorava duplos e separações, mapas arbitrariamente divididos em Leste e Oeste, moedas que têm não só o verso e o reverso, mas que ostentam também a sombra no rosto do rei. Adora os duplos bebés nos olhos dos amantes, e aquelas conjunções da alquimia, réplicas *in vitro* de um hermafroditismo cósmico. Mas escolhe as suas ilustrações para alimentar conceitos efémeros, não se encontra obcecado por eles; quase não chega a exceder o que se poderia esperar de um poeta culto e muito sagaz numa época que, talvez mais do que qualquer outra, assentava em conjuntos favoritos de opostos: natureza e graça, acção e contemplação, verdade e opinião, o numenal e o fenomenal. Não creio, porém, que se possa encontrar em mais algum lado aquela paixão pelo que John Carey, ao discutir Donne[4], chamou de «opostos unidos», tão notória em Shakespeare, e que atinge uma espécie de clímax em *The Phoenix and Turtle*.

As aves de Shakespeare são duplas na sua chama mútua; amavam «como o amor em duas pessoas / Tinham a essência numa apenas; / Dois distintos, divisão nula». Possuíam a qualidade da unicidade transcendente: «O número ali no amor era morto», pois um, dizia o provérbio, não é número. Deste modo, unicamente neles, o eu completamente sozinho é misteriosamente outro também. A «propriedade» — a condição de ser único de si mesmo — é abalada, «já que o ser não era o mesmo». As palavras *mesmo ser*(*) não são de todo invulgares em Shakespeare, mas aqui é praticamente um *hapax legomenon*, separado em *mesmo* e *ser*, no entanto ainda a mesmíssima palavra e ainda uma só, contendo a noção de característica, propriedade, numa nova combinação com a da semelhança, incompatível com identidade. A terminologia escolástica — «propriedade», «distinção», por oposição a «divisão», «simples» contrastando com «composto» — é

---

[4] John Carey, *John Donne, His Life and Art* (1981), 264 segs.
(*) O termo que consta do original é *selfsame*. (*N. da T.*)

reforçada pela linguagem comum que a catacrese distorce em conjunções antinómicas do modelo de *mesmo ser*: «nem um, nem o outro». As alternativas são neutralizadas, sem serem eliminadas, nesta invulgar óptica linguística; formam perspectivas, estranhas demonstrações de uma substância quase inimaginável.

O hermafrodita de Platão tirou partido da natureza dos dois sexos mas foi cortado ao meio, para que o ser não fosse o mesmo; e as partes divididas esforçaram-se por ser uma só no sentido de as metades partidas de uma moeda ou um símbolo serem um só: «Dois distintos, divisão nula». Existe no seio dos distintos um princípio de identidade inicial, do qual nos apercebemos ao olharmos para as metades de uma maçã, ou para gémeos, ou amantes, ou a Santíssima Trindade, ou para os fenómenos, sejam astronómicos, sejam retóricos, que nos levam a falar de *concordia discors* ou de *discordia concors* em relação a conceitos e estrelas. Através de meios semelhantes, os neoplatónicos e os teólogos poderiam explicar como o amor une a pobreza e a abastança, ou a palavra e a carne, distintos indivisos e nem uns-nem outros.

Unicamente porque a linguagem se submete à catacrese, ou de qualquer modo ao uso e abuso de metáforas que tendem para aquela condição, é que podemos falar de todas estas tremendas condensações metafísicas. Encontramo-las em *The Phoenix and Turtle* numa forma extraordinariamente pura, inqualificada, e não devemos contar com algo de idêntico na poesia escrita para ser ouvida. No entanto, existem no teatro todas as condições necessárias: é remoto, mas não excluso, distinto, mas não dividido. O Globo não é o globo, é uma sombra do globo; há um teatro do mundo que contém, e não contém o mundo, «uma perspectiva natural, que é e não é». Está sempre sujeito à irrupção do carnaval, o oposto da realidade quaresmal, transformando essa realidade numa farsa; como Belsey Bob entrando na Representação dos Pantomineiros, falando como Sir Thopas em *Noite de Reis*, mas invertendo os termos, dizendo «Aquilo que não é» ([5]). É na linguagem de *Hamlet* que podemos procurar estas conjunturas, perspectivas e condensações — numa vasta extensão daquela peça séria com plena expressão concentrada em *The Phoenix and Turtle*, que, por sinal foi escrita mais ou menos na mesma altura que a tragédia.

([5]) A resposta de Sir Thopas à queixa de Malvolio, de que está a ser mantido numa casa às escuras, «Mas como, se tinha janelas salientes, transparentes como barricadas e os clerestórios virados a Sul Norte são tão brilhantes como o ébano» (4.2.36 segs.), segue o modelo das inversões de tipo carnavalesco de Belsey Bob.

Como sabemos, a atenção incidiu por um largo tempo no carácter do herói, a expensas da prolongada desatenção à linguagem da peça como algo mais do que uma prova de carácter, e àquelas relações internas que vêm inexplicitamente registadas na linguagem. Podemos encontrar em Goethe uma mistura de ambos os tipos de atenção, mas só bastante mais tarde se detecta uma mudança mais decisiva na conversação (recorrendo à expressão de Richard Rorty para idênticas alterações da tónica na filosofia), há cerca de meio século. Podemos encarar «conversação» no sentido — mais lato do que o nosso, mas incluindo-o, que ainda detinha no tempo de Shakespeare e posteriormente — de «a acção de se ligar a ou ter relações comerciais com outros; viver junto, cometer adultério», como refere o *OED* (*). É necessária uma alteração substancial no hábito de uma comunidade para ser permitida uma tal mudança, e esta é retardada por pessoas conservadoras, que por vezes confundem o passado recente com toda a tradição. Analisar de perto não a «psicologia» de Lady Macbeth mas a retórica de espressões como «o que vós queríeis imensamente / Querê-lo-íeis piamente», e dar a todo o texto o tipo de atenção que tais exemplos requerem, foi o objectivo de L. C. Knights na sua obra *How Many Children Had Lady Macbeth?*, um panfleto polémico que há mais de cinquenta anos anunciava, apesar de logicamente em si próprio não consolidar, a mudança de conversação. E, de forma perfeitamente autónoma em relação a Knights, Wilson Knight procura convencer-nos (com o forte apoio de T. S. Eliot) de um método interpretativo que pedia outro tipo de atenção, a que se concede às obras canónicas das quais se pressupõe que todas as suas partes estejam secretamente interligadas — que tenham um modo «espacial» bem como temporal. Com igual autonomia, os estudiosos começaram a dedicar mais atenção à retórica formal de Shakespeare, de modo a que o «imensamente-piamente» de Lady Macbeth possa ser citado como exemplo de paranomásia, apesar de, como é lógico, esta ser apenas o que mais ressalta de início em termos de retórica. A mudança na conversação pode ser expressa deste modo: a linguagem específica da peça, a sua própria textura, tinham sido tratadas como aspecto marginal, apenas como o meio que nos permitia ver aspectos mais importantes. Poderia agora ser transferida para o centro do nosso interesse, e em consequência, a «personagem» ser reduzida à sua relativa marginalidade.

Não creio que se revista de grande utilidade, apesar de ser perfeitamente exequível, enumerar todas as figuras de retórica em

---

(*) *Oxford English Dictionary.* (*N. da T.*)

Hamlet: inúmeras catacreses, abundância de turpilóquios (quando as palavras são «distorcidas num sentido obsceno»)[6], exemplos de atemperação («tantas vezes aconteceu em determinados homens»). Isto é arqueologia. Usemos alguns dos termos antigos, mas penso antes no que significa dar ao holismo de Wilson Knight e à atenção poética de L. C. Knights o carácter de uma análise moderna segundo as linhas propostas por Roman Jacobson, ao afirmar que «a poesia separa os elementos estruturais de todos os níveis linguísticos... tudo se torna *significant, réciproque, converse, correspondant*»[7]; aquele grau de intensidade que Jacobson atribuiu à sua leitura de um soneto não pode, logicamente, ser comparado num estudo de *Hamlet*, mas podemos, como dizem, «avançar a expressão», e ver o que nos esclarece sobre o todo.

Em termos genéricos, o mecanismo retórico central de *Hamlet* é o dualismo. Trata-se em parte, de um eco do período retórico; estamos familiarizados com ele através do *Book of Common Prayer*, em que o inglês seiscentista encontra o seu próprio equivalente vernáculo para um liturgia há muito confiada ao latim e que necessita de uma diferenciação da língua vulgar. «Reconhecemos e confessamos os nossos múltiplos pecados e vícios», diz a Confissão Geral; parte do seu efeito provém da reduplicação que mima a culpa múltipla de muitos pecadores que falam em conjunto, e mais provavelmente, da impressão de que *reconhecer* não é bem o mesmo que *confessar*, e que teologicamente os *pecados* são um pouco mais específicos do que os *vícios*. De uma forma muito idêntica, «poupa-os, ó Deus, que confessaram as suas faltas, aceita-os que são penitentes», recorda-nos o *parallelismus membrorum* do Rei David; no entanto, regista-se dentro do seu dualismo uma ligeira discrepância no sentido, pois ser poupado e ser aceite não é exactamente a mesma coisa, e apesar de ser mais difícil distinguir entre ser penitente e confessar, a segunda não pode acontecer antes da primeira, nem a primeira, logicamente, sem a segunda, para que sejam distintas sem divisão; e mesmo que não fossem, mesmo que fossem idênticas no sentido, a sua identidade seria um contributo para o sentido do todo, pois como comenta Hoskins (na sua obra *Direction for Speech and Style* exactamente contemporânea de *Hamlet*), «no discurso não há repetição sem importância»[8].

---

[6] L. Sonnino, *A Handbook to Sixteenth-Century Rhetoric* (1968), 188 (citando Richard Sherry).

[7] Roman Jacobson, *Selected Writings, III: Poetry of Grammar and Grammar of Poetry* (1981), 767.

[8] Sonnino, 157, citando J. Hoskins, *Direction for Speech and Style* (c.1600).

Conquanto *Hamlet* contenha um dualismo bastante extenso dentro destes moldes, o mais significativo e interessante destes dualismos linguísticos é sem dúvida a hendíadis. É uma figura que, como o seu nome indica, exprime «um através de dois», como quando Virgílio afirma *pateris libamus et auro*, «bebemos de taças e ouro», em vez de «bebemos de taças de ouro». Esta figura ocorre com extraordinária frequência em *Hamlet*, e não escapou de todo à atenção, mas parece significativo na natureza instável da nossa conversação que o seu primeiro estudo sistemático não surgisse senão em 1981. Tratou-se de «Hendiadys and *Hamlet*» de George T. Wright (*PMLA* 96, 168 segs.), um artigo que não só repara a negligência do anterior comentário, mas é por direito próprio uma brilhante obra de crítica literária. O artifício resulta na conjugação de duas palavras distintas na expressão de uma única ideia, como em «mandíbulas pesadas e marmóreas»; mas, como sugere o exemplo de Virgílio, a combinação pode ser muito mais forçada, e a separação de ideias conjuntas tão importante como a sua capacidade de conjunção. «Pesadas» e «marmóreas» poderiam facilmente ser epítetos distintos e igualmente adequados às «mandíbulas» de um sepulcro (de facto, salientam que «mandíbulas» é também uma figura: as sepulturas «engolem» pessoas, pelo que têm mandíbulas, mas realmente as mandíbulas são pesados pedaços de mármore, etc.). Mas «o perfume e a concessão de um minuto» (Laertes ao descrever a corte de Hamlet a Ofélia, 1.3.9) é mais complicado, porque a concessão — «entretenimento», «passar o tempo», ou assim — foi acentuada pelo perfume, e sem a concessão o perfume não pode de modo algum resultar; «o perfume de um minuto» não soa bem, tal como «mandíbulas pesadas» ou «mandíbulas marmóreas» soa bem. Como faz notar Wright, a hendíadis pode causar desconforto e mistério através do que Eliot chamou, noutra ligação, «uma ligeira alteração perpétua da linguagem» — por intermédio de desvios, fazendo algo diverso daquilo que esperamos das palavras unidas por «e», por intermédio de uma espécie de violação da promessa de uma simples parataxe. O efeito é comparável ao zeugma (uma subjugação inesperada: «ela partiu numa torrente de lágrimas e numa cadeirinha») em que o verbo serve duas concepções sintácticas, de maneira a que a estrutura lógica, tal como a do conceito metafísico, se aproxime de um gracejo.

Todavia, como comenta ainda Wright, a hendíadis não tem graça; as suas conjunções de aspectos distintos são susceptíveis de causar desconforto. E tinha para Shakespeare, como demonstra Wright de modo definitivo, um fascínio especial, num período que se prolongou por alguns anos após 1599. Isto é, coincide, por acaso ou não, com a mudança da companhia para o Globo, o que me impele a sugerir que a bandeira ou emblema do teatro, «Hércules e o seu fardo», no sentido de o mundo, o teatro como mundo, pode ser considerada uma hendíadis («o fardo de Hércules»). *Hamlet*, de todas as peças a que mais se autoproclama teatral, contém muitos mais exemplos deste tropo do que qualquer outra peça — sessenta e seis segundo a contagem cuidada e conservadora, mais do dobro de *Otelo*, a tragédia seguinte e facilmente rivalizando com *Hamlet* neste aspecto.

O critério de Wright para a hendíadis é uma certa reciprocidade entre as partes, a fim de que a figura proporcione uma explicação muito superior à prevista. Em «O sensível e verdadeiro testemunho / Dos meus próprios olhos» (1.1.57) significa algo como «o testemunho rigorosamente sensorial dos meus olhos em relação ao que não poderia ter acreditado por mera descrição», o primeiro adjectivo altera o segundo em vez de modificar o «testemunho». Wright acha estes exemplos de hendíadis muito expressivos das «ilusórias semelhanças», características da peça como todo, e demonstra muito bem esta opinião.

A minha única reserva é que, na sua escrupulosa tentativa de estabelecer a distinção entre hendíadis e outras formas de dualismo, Wright tende a não considerar as restantes, apesar de obviamente terem muito a ver com o tom e o desenrolar da peça; é mesmo possível que exista uma espécie de hierarquia nos dualismos, com a hendíadis como mais completa e mais fulcral. De qualquer forma, o que se reflecte a todos os níveis não é apenas a hendíadis, mas o dualismo. Cornelius e Voltemand são indistinguíveis, distintos sem divisão; um deles teria servido perfeitamente. Rosencrantz e Guildenstern são uma cereja dupla, uma união em divisão. A peça-dentro-da-peça é um dualismo preocupante em *Hamlet* e a pantomima uma sombra imperfeita ou exibição da peça-dentro-da-peça. Sempre que algo pode ser duplicado, é-o: vinganças e vingadores, espionagens leais, aparições fantasmagóricas. A cronografia de Barnardo:

> Ainda ontem à noite
> Quando aquela mesma estrela a Oeste do pólo,
> Efectuou o seu trajecto para iluminar aquela parte do céu
> Onde agora brilha... (1.1.38-41)

é duplicada pela cronografia de Horácio no final da cena:

Mas reparai, a manhã de manto castanho avermelhado vestida
Caminha sobre o orvalho daquela alta colina a Leste. (1.1.171-72)

e estes dois floreados encerram como parêntesis a divagação de
Marcelo sobre o Natal («tão santa e tão misericordiosa é aquela
época» [1.1.169]). Laertes, ele próprio uma sombra ou imagem de
Hamlet, tem uma dupla partida e é duas vezes abençoado pelo
pai («uma dupla bênção é uma dupla graça» [1.3.53]); e assim
sucessivamente. Estas duplicações obrigatórias ocorrem em todo
o lado, e com efeitos variados. Por vezes são simples, como
quando acentuam a pretensiosa estupidez de Polónio:

> E assim nós, com a sabedoria e a capacidade,
> Com molinetes e verificando a inclinação
> Pelo engano chegamos à verdade.
> Que pelos meus primeiros conselhos e lições
> Te guies meu filho. Compreendes-me, não compreendes? (2.1.64-
> 68)

(O efeito não é o mesmo que o da fala de Otelo no começo
da peça.) Ou a incongruência de Ofélia:

> ... A expectativa e o desabrochar do encantador estado,
> O espelho da moda e o molde da forma,
> O observado por todos os observadores, muito, muito baixo!
> E eu das mulheres a mais melancólica e infeliz,
> Vejo agora aquela nobre e muito soberana razão
> Como harmoniosas campainhas agitadas fora do tom e agressivas,
> Aquela forma e traço inigualados da juventude perdida
> Amaldiçoados pelo êxtase. (3.1.154-62)

Cada verso destes, à excepção de um, contém duplicações.
Rosencrantz e Guildenstern apresentam-nas nos seus momentos
na corte («A vida simples e peculiar é delimitada / Por tóda a
força e couraça da mente» etc. [3.3.11 segs.]); o mesmo faz Hamlet nos seus solilóquios. Estas duplicações, que incluem, obviamente, as mais estranhas e também mais metafóricas, as
hendíadis, são simplesmente uma constante da peça.

Antes de passarmos a analisar mais algumas em pormenor,
conviria ter presentes alguns princípios básicos da duplicação.
Poderia dizer-se que a peça se debruça profundamente sobre dois
tipos de duplicação. Um é a duplicação do teatro e do mundo, o
teatro como espelho em que os actores são sombras ou reflexos e,
quando desempenham os papéis de actores, sombras das sombras. A outra grande duplicação é o casamento, o casamento sob
a forma particularmente intensa e máxima do incesto.

O funeral de um rei, e o casamento da sua viúva com outro rei, seu irmão, é uma duplicação que impulsiona a piada extremamente azeda de Hamlet de juntar a festa do casamento ao banquete do funeral; a antinatural proximidade destas funções reflecte a proximidade física do casamento incestuoso. Duas pessoas que se tornam uma é uma forma de economia em que o eu deixa de ser o mesmo, e o que deveria ser distinto não é dividido. Quando Hamlet diz, ao despedir-se do Rei, «Adeus, querida mãe», o Rei corrige-o: «O teu dedicado pai, Hamlet». Mas Hamlet sabe o que está a dizer, a sua lógica é a lógica do dois-como--um: «A minha Mãe. Pai e mãe é homem e mulher, homem e mulher é uma só carne; portanto, minha mãe» (4.3.52-54). Não aceita a distinção onde não há divisão: o casamento, especialmente um casamento incestuoso, este monstro específico com duas costas, é uma espécie de hermafroditismo, ou, se for permitida a catacrese, uma hendíadis social cheia de mistério e constrangimento, apresentando um aspecto que parece consonante mas não o é, ou então é-o demasiado, sendo excessivo o parentesco tia-mãe e tio-pai; de uma forma ainda mais repugnante, poderia falar-se de tia-pai e tio-mãe. Ponderando esta relação de parentesco, Hamlet chama também à mãe «a mulher do irmão do marido» (3.4.14), que, em todo o seu rigor, salienta a posição do casamento fora dos graus de consanguinidade permitidos, conquanto simultaneamente represente a relação composta como terrivelmente simples. O primeiro verso de Hamlet, «Um pouco mais do que parente [*kin*] e menos do que da espécie [*kind*]» (1.2.65) (*) é quase uma paranomásia de compêndio; assenta na semelhança de uma palavra com a outra. «*Kin*» e «*kind*» são uma duplicação imperfeita, fonética, ortográfica e semanticamente, no entanto, distintas também em todas estas formas, e representadas como antitéticas, salientando, assim, as horríveis disparidades que uma união tão estreita e profana implica,

O incesto é ambíguo (marido-mulher, irmão-irmã) e gera equívoco («meu primo Hamlet e meu filho... O nosso principal cortesão, primo e nosso filho» 1.2.64, 117); a repetição não é apenas redundante, pois confere carácter múltiplo à usurpação de Cláudio («pensa em nós / Como num pai») — o «nós» e «nosso» são plurais régios. Todas estas suplicações que se vão acumulando, hendíadis ou não, devem criar uma sensação de estranheza e constrangimento quando vistas no seu contexto, os enormes equívocos de todo o esquema. Podem ser ignoradas ou tratadas como oculto, como pertencentes ao secretismo em vez de ao

_____

(*) Os termos usados por Shakespeare figuram entre parêntesis rectos. (*N. da T.*)

senso (ver 3.4.194), mas basta, às vezes, desafiar o mecanismo de defesa pelo qual normalmente eliminamos a consciência que delas temos.

Na impossibilidade de enumerar, e muito menos discutir, todas as duplicações deste texto, apresento aqui uma lista extraída dos primeiros 180 versos da peça, com um breve comentário:

a) *Tremeis e estais pálido.* (linguagem corrente)

b) Em tal não acreditaria

Sem *o sensível e verdadeiro testemunho*

Dos meus próprios olhos. (hendíadis: ver atrás) (com a aprovação de Wright)

c) ... com *toda a amplitude da minha opinião* (hendíadis: «plenamente») (Wright)

d) *Estrita e muito atenta vigilância* (estreita e atenta; mas aproxima-se de «atentamente vigilante», «cuidadosamente vigiado», e por conseguinte uma quase-hendíadis)

e) ... *ratificado pela lei e pela heráldica* (hendíadis, segundo Wright — «lei heráldica», mas não muito mais do que «estrita e muito atenta»)

f) pela mesma *conveniência | E procedimento* do artigo (hendíadis; referida pelo editor Arden como «o teor do artigo»; o acordo efectuado [?])

g) energia desaproveitada, *quente e cheia* (hendíadis: «cheia de calor»)

h) *alimento e dieta* (simples duplicação)

i) *grande rapidez e desordem* [*post-haste* e *rummage*](*) (pressa e torvelinho»; não constituem decerto um par, uma palavra inventada com base no modelo de *helter-skelter* (apressadamente), *hugger-mugger* (barafunda), *Handy-dandy* (atabalhoadamente), *Hurly-burly* (balbúrdia, agitação); e toda uma série de hendíadis)(**)

j) *elevado e próspero* (prosperamente elevado? elevadamente próspero?)

k) *rangido e chiadeira* (uma representação composta pelo som que os fantasmas produzem? um par, não dois distintos?)

l) *correntes de fogo e rios de sangue* (paralelismo de membros)

(*) Os termos usados por Shakespeare figuram entre parêntesis rectos. (*N. da T.*)

(**) Afigurou-se de manter para todas estas palavras a terminologia inglesa, indicando-se entre parêntesis a sua tradução. (*N. da T.*)

m) E até o possível *prenúncio* de acontecimentos temidos
Como *mensageiros* que precedem ainda os fados
E *prólogos* do presságio que se avizinha
Juntos *o céu e a terra* demonstram
Aos do nosso *clima e nossos concidadãos* (altamente repetitivo: «prenúncio», «mensageiros», «prólogo», «presságio» — possivelmente também «precedem» — formam uma série muito redundante, cada uma duplicando a seguinte, e o par simples «céu e terra», juntos pela estranha conjunção «clima e concidadãos» significando algo como «os habitantes da nossa região», culmina a sequência)

n) *Se tens qualquer som ou uso da voz* (dúvidas quanto ao tipo de resposta que se poderia esperar, nem «som» nem «uso da voz» o levam a esperar ouvir a voz humana; o Fantasma poderia fazer «rangido e chiadeira»; mais uma vez temos aqui um par no ambiente genérico da hendíadis, sem se adaptar completamente às definições aceitáveis)

o) Que te podem trazer *tranquilidade* a *ti* e *beatitude* a *mim* (aqui, «tranquilidade» e «beatitude» é um dualismo dividido, um partilhado pelo outro)

p) garganta *altiva e ressonante* («garganta altiva» seria um pouco forçado; o segundo epíteto abrilhanta o primeiro)

q) O *errante e extravagante* espírito («extravagante» e «errante» são aparentemente um dualismo exacto, mas existem correntes semânticas contrárias que os mantêm afastados; cf. *Otelo* «extravagante e movimentado estranho» [1.1.136] e «Da natureza tão absurdo errar» [1.1.62])

r) *Tão santificado e tão cheio de graça* é aquele tempo (santo em virtude da graça)

Dos dezoito excertos aqui enumerados, Wright considera apenas três dos que indiquei como exemplos verdadeiros de hendíadis. Numa lista suplementar de «expressões que, se não hendíadis, são fechadas ou estranhas», mas que entendeu «em última análise rejeitar», inclui quatro: *estrita e muito atenta, quente e cheia, alimento e dieta* e *grande rapidez e desordem*. Seria uma missão um tanto espinhosa seleccionar as centenas de dualismos na linguagem de *Hamlet*, avaliar a sua singularidade e a sua proximidade da mais invulgar e soberana figura da hendíadis. Ao certo, o efeito cumulativo é muito intenso e também muito variado. Se os verbosos dualismos de Polónio resultam em comicidade, o mesmo não se poderá dizer da linguagem dupla de 1.5. Ali, o Fantasma diz que ele se deve render às «chamas sulfurosas e atormentadoras», que deve «pagar e limpar-se» dos seus crimes. A história completa, se a contasse, não só atormentaria a alma de *Hamlet*, como lhe gelaria também o sangue; e faria igualmente que o seu cabelo, que está amarrado e junto (como as palavras usadas para o descrever) se separasse e erguesse na extremidade. Não pode, no entanto, revelar a sua história a ouvidos de carne e osso. O seu assassínio foi vil e muito estranho, e o seu perpetrador um homem incestuoso e adúltero. O veneno empregue corre pelos canais (ou ruas mais amplas) do seu corpo, mas também pelos seus becos, coalhando o fino e, por conseguinte, saudável sangue e cobrindo-o de uma vil, que era também abominável, crosta. A sua cama tornou-se um antro de luxúria *e* amaldiçoado incesto — uma hendíadis mista, pois, sendo o incesto luxurioso, torna-se também duplamente amaldiçoado, e sendo a luxúria incestuosa, torna-se ainda mais luxuriosa. Hamlet responde com uma precipitação de dualismos: «doces recordações triviais», «juventude e observação» (uma hendíadis clássica), «o livro e volume» do seu cérebro. Encontrando de novo os amigos, instiga-os por duas vezes a seguir as suas obrigações e desejos; Horácio junta-se-lhe, comentando as «palavras agitadas e turbilhonantes» de Hamlet, que é uma paronomásia bem como um dualismo; e depois, acabado o entusiasmo, as duplicações são reduzidas ao lugar-comum, mas básico, «céu e terra», «graça e mercê», «amor e amizade».

Antes de estas palavras serem proferidas, tivemos uma daquelas tiradas de diálogo rápido — sem tempo para duplicações — que por vezes fazem variar os ritmos deste incomparável poema; e existem muitos outros momentos longos durante os quais a duplicação, pela sua mera ausência, ajuda a estabelecer um tom diferente. Um desses passos é o diálogo entre Hamlet e os recém-chegados Rosencrantz e Guildenstern em 2.2; como vimos, os espiões-sicofantas são perfeitamente capazes de palaciana duplicação e duplicidade («O céu torna-lhe a nossa presença e as nossas acções / Agradáveis e úteis» [2.2.38-39]); mas em resposta à saudação sincera de Hamlet, lançam o que neles é um mero mecanismo palaciano, e a franqueza da conversa em que Hamlet descobre a sua missão, sai reforçada. Mais eficaz, então, é a duplicação no célebre discurso «Tenho ultimamente... perdido toda a minha alegria, renunciando ao hábito do exercício» (2.2.295 segs.), e a alusão de Hamlet, ao concluir o diálogo, à «moda e cerimónia», e aos seus «tio-pai e tia-mãe» (2.2.368 segs.).

Estes exemplos, e os dualismos de Polónio, mais arte do que substância, impossibilitam de falar do mecanismo como se tivessem um objectivo único. Não é, por exemplo, o caso de ser sempre excluído das cenas de prosa. A prosa de Hamlet quando se refere aos actores está muito receptiva a dualismos: chama-lhes «as abstractas e breves crónicas da época» ([2.2.520]: Wright, preferindo ler «abstractos» com F1 e Q1, classifica-os como hendíadis). Afirma depois que eles irão mostrar «a própria idade e corpo do tempo, a sua forma e pressão» ([3.2.23-24]: «idade... tempo» é uma hendíadis para Wright); não deveriam pavonear-se e bramir, mas antes «adaptar a acção à palavra» (3.2.17) — uma associação, em seu entender, demasiadas vezes apartada. Não surpreenderá, nesse caso, que a descrição que o Actor faz de Príamo o coloque «ao capricho e à mercê da espada de Pirro» (2.2.469); e, não surpreenderá também, que o solilóquio que encerra esta extraordinária cena comece como se propõe continuar: «Oh, que errante e rústico escravo sou» (2.2.544). Ouviremos falar de ficção e sonho, motivo e disposição, de um orador lúgubre e de temperamento confuso. Teve um pai «sobre cuja propriedade e muito cara vida / Uma maldita destruição foi perpetrada» (a destruição da propriedade). Tem «fígado de pombo» e «sem vesícula» (a segunda expressão explica a primeira, visto se pensar que os pombos possuíam fígados sem vesícula). Revela o seu íntimo com palavras, qual prostituta, e amaldiçoa como uma devassa. No entanto, tem um plano secreto que servirá o simples e duplo propósito de pôr à prova o rei e o Fantasma — cada um deles rei, e cada um deles seu pai.

Aqui, como noutros sítios, reside a variedade do efeito que confere à poesia o seu carácter. Os dualismos mecânicos de Ofélia (expectativa e desabrochar, espelho da moda, molde da forma, observado e observador, melancólica e infeliz, agitado, fora do tom, etc.) contrastam vivamente com a hendíadis poderosa e ansiosa no discurso do Rei, que imediatamente se segue:

> Existe algo na sua alma
> Sobre o qual a sua melancolia se instala a cismar,
> E duvido que a maquinação e o resultado
> Se revelem perigosos... (3.1.166 segs.)

Deverá interpretar-se como «aquilo que será revelado depois de conjecturado», ou de qualquer outra forma igualmente insatisfatória; é um exemplo muito bom da perturbação linguística que esta forma de duplicação acarreta, uma imagem das ansiedades que a peça congemina. Uma duplicação simples como a exclamação da Rainha ante a morte de Polónio, «Oh, que feito este mais ousado e sanguinário!» (3.4.27) pode abrir uma sequência de outras mais complexas: «Um acto sanguinário, / Quase tão mau, minha boa mãe, / Como matar um rei e casar com o seu irmão» (28-29), em que a palavra «boa» se apresenta como antítese de «mau», mas está associada a um convencionalismo irónico, e na perspectiva de Hamlet, à «mãe»; em que «matar» e «casar» formam um par negativo, e em que a rima de «mother» com «brother» repete a rima demasiado rica do incesto. A cena do Armário encontra-se, efectivamente, cheia destes enigmas, demasiados para serem objecto de menção: forma e causa, opressor e guia, senso e secretismo. O solilóquio final de Hamlet, «Como todas as ocasiões...» (4.4.32 segs.), anómala como decerto é a sua situação, forma, não obstante, uma espécie de coda, recapitulando assim o tema: género e mercado, dormir e comer, antes e depois, capacidade e razão divina, esquecimento bestial e covarde escrúpulo, massa e carga, fantasia e artifício, túmulo e continente, delicado e terno, mortal e inseguro. O aspecto principal de 1.54 («Ser-se nobre / É não fazer agitação sem que o túmulo seja grande, / Mas com nobreza arranjar discussão por uma palha / Quando a honra está em jogo») dinamiza a questão de «não» dever ser propriamente «não não», mas um não actua por dois, duas negativas numa única chama mútua.

Trata-se, neste caso, de uma peça em que o próprio está por vezes associado a, outras dissociado de, o mesmo; opostos que se conjugam e similares que se separam. Por que motivo é Horácio familiar e estranho? Porque somos incomodados pela questão de o Fantasma ser honesto ou não? Porque duplicaria Hamlet a sua ofensa à mulher, e avalia Ofélia segundo os mesmos parâmetros que a mãe? Por que motivo, havendo-a persuadido da sua culpa, fazendo-a virar-se para a sua própria alma, duplica as suas condenações? Tendo partido o coração dela em dois, porque repete ele a sua prelecção sobre a abstinência? Por que motivo é ele duplamente louco ou nem sequer louco? Uma sombra do actor, não passando ele próprio de uma sombra? Porquê, em suma, se assemelha a peça com tanta frequência a dois gémeos, a um hermafrodita dividido? Procura-se a reconstituição do hermafrodita inicial, segundo Aristófanes no *Symposium*, através das metades divididas quando as suas partes sexuais se deslocam até à frente, ficando o animal com dois dorsos, quando, no imenso suadouro do leito engordurado se reunem, se tocam, como o expressa *O Conto de Inverno*, proibitivamente.

Seja como for, podemos afirmar que, durante o período de um ano ou mais em que esteve ocupado a escrever *Hamlet, A Fénix e a Tartaruga* e *Noite de Reis*, Shakespeare não só desenvolveu o gosto pela duplicidade, incluindo o dualismo incestuoso da hendíadis — um progresso para o qual muita da sua anterior prática nos preparou — mas levou bastante longe o seu interesse no entrelaçamento, homem e mulher, no mesmo ser, o ser que não é o mesmo. Há também os grandes dualismos antitéticos da vida social, o Carnaval e a Quaresma, e todos os outros opostos tradicionais que constituem uniões — unidade e número, conhecimento e opinião, númeno e fenómeno, substância e sombra; e reflectem-se na linguagem da poesia como rima (*either-neither, mother-brother*) ou assonância, ou trocadilho, ou hendíadis. Tematicamente podem surgir como a perspectiva de gémeos, ou de uma matéria unida pelo casamento e pelo incesto. Juntamente, estas coisas constituem um espelho do mundo que é uno, mas assente num princípio de oposição em todas as suas estruturas.

Substância-e-sombra é uma figura muito antiga dessa oposição. No folclore, perder a sua sombra significa ser castrado ou tornado estéril. Em algumas línguas, a mesma palavra serve para «alma» e «sombra» (9), a fim de que as imagens e os reflexos sejam também projecções da alma. Os espelhos não devem ser partidos; em momentos de luto são cobertos. Temos no *stade du miroir* de Lacan a nossa versão moderna de tais desastres espirituais.

A imagem de uma pessoa ou o seu duplo pode ser também um rival, como filho do pai; o acto de se duplicar é em si um reflexo do tema de Édipo. Irmãs podem ser duplos de irmãos; Nasciso tomou o seu reflexo pela sua irmã. O Duque de *Noite de Reis* pensa em Sebastian e Viola como uma perspectiva, dois num só, e António afirma que uma maçã partida ao meio não é mais gémea do que eles, mas eles são também distintos e opostos; Viola pensa no irmão como um espírito «vindo para nos assustar» (5.1.236). Os gémeos de Shakespeare, Hamnet e Judith, nasceram em 1585; Hamnet morreu em 1596, o ano das peças gémeas *Romeu e Julieta* e *Sonho de uma Noite de Verão*.

Um seguidor de D. W. Winnicott argumentou que um gémeo pode ocupar o lugar de objectos transitórios mais usuais, mas revelar-se um fraco substituto, sendo, à semelhança da mãe, animado; deste modo, é impedido o movimento da realidade interna para a externa — pode haver dificuldade na obtenção da

---

(9) Otto Rank, *The Double*, trad. Harry Tucker, Jr. (1971; 1979 ed.), 58.

necessária decatexe([10]). Independentemente desse aspecto, há gémeos fantasiados assim como reais. A hipercatexe de Hamlet sobre o seu pai tem sido referida com frequência; o verdadeiro pai constituía a substância da sua sombra, e a destruição da sua «propriedade» deixou Hamlet não com essa substância mas com o seu nocivo substituto, o rei-sombra, o marido-sombra e o pai--sombra, Cláudio. A mãe divide-se em duas; esposa «deste» e também «deste», o seu ser já não é o mesmo, e em nome da Propriedade, Hamlet fica aterrado. Na catacrese de *A Fénix e a Tartaruga* e na perspectiva de *Noite de Reis*, podemos detectar uma versão condensada daquela duplicação e entrelaçamento a múltiplos níveis que *Hamlet* estende em todas as suas dimensões teatrais no Globo, que é em si mesmo a sombra da substância do mundo.

Estas observações a respeito de *Hamlet* têm implícitos alguns pressupostos. Por muito que divirjam do grosso dos anteriores comentários, possuem algo em comum com a maneira como os críticos hoje em dia se exprimem. A principal forma de abordagem é a retórica; não que eu tenha procurado especificar todas as variedades de tropo recorrendo apenas a exemplos aqui e ali, e não procurando, como o extraordinário estudo de Wright fez, distinguir perfeitamente hendíadis de outras formas de duplicação, ou estudar os muitos tipos de paranomásia que se encontram no texto. O pressuposto é, logicamente, que poderia ter procurado algures na peça (no «mundo da peça», como será mais correcto dizer) semelhanças sugeridas pela minha ideia principal, e que aqui, como comentou Henry James noutro sentido, «as relações não acabam nunca». Aqui parecerão por vezes subsistir entre o óbvio e o rebuscado ou, para ser mais generoso comigo mesmo, entre o manifesto e o latente.

Suposições daquela natureza são tipicamente constituídas por textos canónicos, textos que partilham com o sagrado pelo menos esta qualidade: que, apesar de uma determinada época ou uma determinada comunidade poderem definir um modo específico de atenção ou uma área de interesse lícita, haverá sempre algo mais e algo de diferente a dizer. Tem, como é lógico, igual cabimento a discordância com o consenso de que não se pode

---

([10]) D. Parish, «Transitional Objects and Phenomena in a Case of Twinship», *Between Fantasy and Reality*, org. S. A. Goalnick e L. Barkin (1978), 273-87. O caso descrito reporta-se a um gémeo dizigótico e neurótico mais novo com tendência para «ver pessoas separadas como metades de díades», em especial quando as queria rejeitar; todavia, não confiava nesta sensação. Hamlet tende decerto para pensar nos reis morto e vivo como uma díade, e pretende rejeitar o último.

dizer a última palavra, mas é difícil imaginar que possa haver progresso garantido pela testagem das hipóteses; apenas temos a certeza de que as inexactidões da anterior exposição se tornaram extraordinariamente óbvias para posteriores comentadores, de que não pode existir um consenso simples e eterno quanto à maneira correcta de juntar a sombra do comentário à substância da peça. E é isto o que significa chamar canónico a um livro. De certa forma, o jogo é exactamente o mesmo que Goethe e Coleridge jogaram, mas as regras mudam, e só sabemos que é o mesmo jogo pelas semelhanças familiares: todos atribuem ao texto algo como uma omnissignificância, todos têm cânones de interpretação que são permissivos em vez de rescritivos. As relações devem apresentar algures um término, e algumas opiniões sobre o seu ponto de paragem são mais rigorosas do que outras, apesar de serem opiniões que são em si próprias meras opiniões e não as certezas por que às vezes são tomadas. Acima de tudo, o motivo pelo qual amigo e inimigo são ambos capazes de fazer o que pretendem, e de reconhecer que no fim os seus discursos são do mesmo género, é que *Hamlet* é indiscutivelmente canónico — retirar a semelhante obra o estatuto de canónica implicaria com toda a certeza a eliminação daqueles discursos, de qualquer das partes. Em suma, a única regra comum a todos os jogos de interpretação, a única semelhança familiar entre eles, é que a obra canónica, discutida até à exaustão, deve ser assumida como de valor permanente e, o que vem a dar no mesmo, modernidade eterna.

Ao escrever isto, um homem contou-me o seu sonho. Sonhou que, tendo excesso de peso, fazia dieta e ficava mais magro, sentindo que ao fazê-lo adquiria uma personalidade totalmente nova. Então, no seu novo corpo, sonhou dentro do sonho, e neste sonho interior viu-se como era inicialmente — muito mais gordo, mas de certo modo mais à vontade na sua forma ampla. Continuando a sonhar, o homem adormecido decidiu seguir esta sugestão, e retomou a sua anterior forma mais volumosa. Ao despertar, descobriu que o conseguira; acordou e confrontou-se com a verdade. No sonho exterior, havia-se reduzido a uma forma do seu anterior eu e, no interior, readquirido a sua substância.

Isto fez-me recordar não só que Hamlet, jovem e em forma no começo da peça, quando esta acaba, decorrido o seu lapso de tempo e paixão, está gordo e trintão, mas também que a sua peça é uma ficção, um sonho de paixão em que há sonhos dentro de sonhos e toda a representação é um espelho reflectido noutro espelho. Além disso, os diálogos dos intérpretes são sombras ou imagens, gordos ou magros, e não questões de substância, excepto que existe sombra onde deve existir substância, e uma luz que incide sobre ela; assim, o final de toda esta conversa ensombrada é afinal manter a existência de um objecto real e de valor. É este, para apresentar mais uma hendíadis, o sentido da peça e o dever da interpretação; mas há mais para dizer, e isso será a substância do que se segue.

3. Separar o Conhecimento da Opinião

Chegou agora o momento de considerar algumas das implicações dos meus comentários a respeito de Botticelli e *Hamlet*. O mais óbvio é o seguinte: que a preservação de obras canónicas se consegue através do argumento que pode não ser verdadeiramente merecedor dessa designação e que é, na melhor das hipóteses, incapaz de resistir a críticas posteriores. Com efeito, na sua maior parte, desaparece espontaneamente, negando mesmo o privilégio da execução judicial. Torna-se parte daquilo que é normal rejeitar, uma condição necessária da própria modernidade, considerada como «a tentativa sempre constante de autodefinição por rejeição de um passado»[1].

O êxito do argumento interpretativo como meio de conferir ou atribuir valor não deve, deste modo, ser avaliado em termos da sobrevivência do comentário mas da sobrevivência do seu objecto. Claro que uma interpretação ou avaliação podem assentar na tradição, a partir da qual o comentário se vem posteriormente basear, quer através da aceitação, quer da rejeição; mas a sua principal finalidade é proporcionar o meio em que o seu objectivo sobrevive.

O relativo desconhecimento dos seus proponentes não se revelou um obstáculo à canonização de Botticelli. A obra de Warburg e Horne, realizada numa altura em que a posição fora já estabelecida, poderá ser perspectivada como pertencente a um

---

[1] H. R. Jauss, *Aesthetic Experience and Literary Hermeneutics*, trad. Michael Shaw (1982), 260.

período de consolidação; mas impôs-se também como obra de grande profundidade. Em termos relativos, aqui residia o conhecimento, ao passo que anteriormente, no comentário à primeira vaga de botticellianos, residia a mera opinião.

A distinção entre conhecimento e opinião é antiga e referida de modo diverso, pelo que deveria tentar explicar até que ponto foi útil no presente debate. Perguntarei depois se existirão diferenças significativas entre o tipo de conhecimento aplicado por Horne e o conhecimento mais sistemático e especulativo de Warburg. Neste contexto, quais são as aplicações do sistema? Quais são as justificações da abordagem directa de Horne que, em termos genéricos, presume que nada se interponha entre o investigador e os seus documentos, e que as verdadeiras avaliações dependem da plena compreensão assim alcançada? E, por último, deveria perguntar não só como é preservado o cânone através da acção múltipla de vários tipos de opinião, conhecimento e misturas de ambos, mas a razão de tal e se assim deveria ser.

> Os sistemas de aprendizagem... devem por vezes ser revistos, as complicações analisadas até aos princípios e o conhecimento separado da opinião. Nem sempre é possível, sem uma análise minuciosa, separar os rebentos genuínos da aprendizagem consequencial, que se desenvolvem a partir de um postulado radical, dos ramos que nela foram enxertados. As imposições fortuitas de autoridade, quando o tempo lhes granjeou veneração, são com frequência confundidas com as leis da natureza, e aquelas regras supostas coevas com a razão, das quais não se descobre o primeiro despontar... Um escritor deve, antes de mais, procurar distinguir entre natureza e costume, e o que é estabelecido por estar certo daquilo que está certo unicamente porque estabelecido [2].

Como sempre sucede, o Dr. Johnson apresenta-se autoritário. Apesar de afirmar tão veementemente a necessidade de a natureza se distinguir do costume e o conhecimento da opinião, o seu esquema conceptual é bastante consuetudinário e as distinções hierárquicas — a natureza preferida em relação ao costume e o conhecimento à opinião — estão em si mesmas arreigadas no costume e na opinião. Além disso, Johnson parte do princípio de que os sistemas de aprendizagem requerem revisão em vez de substituição por algum novo «postulado radical». O facto de algumas das imposições de autoridade poderem ter alguma predominância imperfeita sobre nós, não implica de modo nenhum a

---

[2] Samuel Johnson, *Rambler* n.º 156 (14 de Setembro de 1751).

consequência de que todas elas sejam deficientes; algumas impuseram-se porque estão certas e compete-nos não as rejeitar globalmente mas antes decidir quais as que estão certas e quais as que não estão.

Como programa, não se pode negar o seu atractivo. Quem não gostaria de expor aquilo que se limita a preservar a aparência de racionalidade, e apenas o consegue em virtude da dificuldade herdada de formular a questão? Qual o estudioso do espírito que recusaria o desafio, a exigência de que ele ou ela ergam o fardo do costume? Separar o conhecimento da opinião? Contudo, os prudentes podem muito bem querer considerar primeiro algumas das consequências de tal acto. Por exemplo, o que teria acontecido se, muito anteriormente a Horne, alguém tivesse separado o conhecimento da opinião na nova glorificação de Botticelli? Talvez o revivalismo, alimentado pelo entusiasmo ignorante, nunca tivesse tido lugar. E provavelmente afigurar-se-nos-á muito mais difícil do que parecia a Johnson distinguir o que é estabelecido por estar certo do que está certo porque estabelecido. Na questão da canonicidade a antítese cai por terra; as suas duas metades não passam de duas maneiras de dizer a mesma coisa. E, no entanto, subsiste *alguma* diferença entre conhecimento e opinião.

Existem várias estimativas quanto ao valor da opinião, mesmo nas obras de Platão, que amiúde, conquanto nem sempre exactamente da mesma maneira, a distinguia do conhecimento. Afirma divergir da ignorância, mas mantém sempre a sua inferioridade em relação ao conhecimento. Com efeito, Sócrates defende (*República*, VI, 506 e) que as opiniões divorciadas do conhecimento são coisas feias, e também que sustentar uma opinião verdadeira de forma desinteligente é o mesmo que um cego seguir o caminho certo. Os estóicos defendiam a opinião de que a opinião é sempre e inteiramente má, uma perspectiva veementemente aprovada por aqueles que retomaram a sua filosofia no Renascimento. Pascal, na sua obra *Pensées* ([3]), esboça um argumento extremamente tortuoso que sugere, entre outras coisas, que a opinião válida mantida na ignorância da verdade é de facto uma opinião sem bases, o que vem realmente ao encontro da ideia de Sócrates; mas acrescenta que um grande homem que se familiarizou com todo o conhecimento, e é, consequentemente, capaz de o distinguir da opinião, está por esse motivo consciente de que nada sabe a não ser esta única coisa, que por si só o distingue do ignorante ou opiniático. Pascal demonstra tão bem como qualquer outra pessoa a dificuldade, mesmo através de

---

([3]) Pascal, *Pensées*, org. e trad. A. J. Krailsheimer (1966), 89-93.

«exame apurado» que constitui separar o conhecimento da opinião, e como depois de o fazer, pouco resta dos «sistemas de aprendizagem».

A respeito da acção da opinião sobre os destinos dos artistas e das obras de arte, pode dizer-se que tem tanto de conservação como de destruição. Ao falar de Botticelli e do extraordinário revivalismo das suas obras no século XIX, exprimi a opinião de que se tal deveu em grande medida à acção da opinião. «O que é alguma coisa senão o valor que lhe atribuem?» Como vimos, por mais de uma vez, Herbert Horne sugeriu que a reavaliação em grande medida se baseava no trabalho que não era sequer de Botticelli, mas de imitadores cujo estilo revestia um muito maior atractivo do que o do seu autor para gostos que Horne considerava corruptos. E assim poderia dizer-se que o grande conhecimento de Horne veio à luz quando formou determinadas opiniões possibilitando a ocupação do espaço reservado à veneração de Botticelli com obras cuja autenticidade podia demonstrar e que, daí em diante, viriam a beneficiar da adulação anteriormente activada pelas falsificações. Deste modo, em qualquer das hipóteses, o reconhecimento da grandiosidade de Botticelli dependeu em primeiro lugar de uma opinião errada; o erro é a sombra inelutável da opinião. No entanto, vimos essa sombra pairar ainda que levemente sobre o próprio trabalho de Horne e também sobre o de Warburg.

Os historiadores de arte poderiam citar outros exemplos do mesmo processo, talvez Caravaggio, e na música o caso extraordinário de Monteverdi; e a história da literatura contém também exemplos notáveis. Um deles é a reputação de John Donne, cujos dotes foram excelentemente postos a claro por Joseph E. Duncan[4]. A fama de Donne, tal como a de Botticelli começou a decair muito cedo. Foram feitas tentativas no sentido de a preservar numa época cujos valores eram diferentes, e que tinha também noções diferentes de excelência, mas, mesmo no princípio do século XVII, apresentam um ar um tanto desesperado, como por exemplo quando um comentador defende que «The Good Morrow» não é um poema intencionalmente erótico, mas uma súplica a Deus; e que a epístola lésbica «Sappho to Philaenis» é uma alegoria da relação entre Cristo e a sua Igreja. Trata-se de um método extremamente tradicional de remeter a poesia erótica para o cânone; Aqiba serviu-se dele resgatando o Cântico dos Cânticos, no século I d. C., numa altura em que os versos eram

---

(4) Joseph E. Duncan, *The Revival of Metaphysical Poetry* (1959).

ainda, ao que parece, cantados da forma mais secular nas tabernas. Mas desta vez não resultou e não tardou que uma forma de crítica muito mais realista, como a aplicada por Hobbes e Dryden, por exemplo, tornasse mais desesperado o caso de Donne. O Dr. Johnson estudou-o na sua obra *Life of Cowley*, mas o seu interesse foi em grande medida o de um antiquário e, na restante parte, um desejo de substituir um velho conceito de sagacidade por outro mais moderno. Ao invés de disfrutar do eterno modernismo conferido às obras canónicas, a poesia de Donne apresentava-se unicamente excêntrica e desligada da tradição, já que essa tradição se formou através de um sistema de aprendizagem posterior.

O revivalismo de Donne teve lugar em simultâneo com o de Botticelli, apesar de mais lentamente e com menor impacte sobre o público em geral. Esteve pendente de uma idêntica reapreciação de um passado agora considerado subvalorizado pelas gerações intervenientes, cada uma parcialmente cega pelos seus próprios preconceitos — isto é, cada uma tomando o seu costume pela natureza e a sua opinião pelo conhecimento. Uma nova imagem da faculdade criadora, uma nova perspectiva de que o raciocínio poderia ser o aliado em vez de o inimigo da paixão, uma nova perspectiva da história que transformasse a antiga opinião sobre o final da Idade Média e o Renascimento — tudo isto foram preliminares necessários à reabilitação de Donne. Configurou-se também forçoso que estas transformações se tornassem meras questões de opinião; terreno familiar para um público habituado à leitura, não apenas uma roda de intelectuais.

Não que Donne fosse devidamente compreendido, mesmo ao nível do sentido «simples» ou «gramatical». Com efeito, era praticamente impossível atingir até aquela medida de compreensão antes de Grierson ter publicado a sua edição em 1912. Foi uma obra de certo modo equivalente à de Horne, *Botticelli*, publicada quatro anos antes. Após a edição de Grierson, o que Donne escreveu tornou-se na sua maior parte acessível e aberto à interpretação. Mas a grande obra poderia nunca ter sido projectada se não se tivesse desenvolvido uma opinião tão forte sobre o mérito destes poemas, uma opinião em parte assente no seu carácter misterioso aparentemente impenetrável. Ao eliminar as corrupções, Grierson eliminou também parte do entusiasmo; mas a noção de que os poemas demonstravam a possibilidade de uma união do pensamento com a sensação, e do fim do divórcio moderno entre estes dois, sobreviveu à sua desmistificação. Foi a esta ideia que T. S. Eliot emprestou a sua autoridade em 1921, delineando uma teoria da poesia, e do cânone da poesia, para a sustentar.

Assim, por uns tempos, Donne tornou-se um modelo da «sensibilidade» moderna. Quando Eliot, alterando um pouco a sua posição, descreveu a moda de Donne como «um assunto do presente e do passado recente em vez de do futuro», estava, de forma inexplícita mas correcta, a transferir essa moda para o domínio da opinião. Coube aos académicos a sistematização da «dissociação da sensibilidade»; estava em curso precisamente na altura em que o próprio Eliot se começava a desinteressar. Donne, à semelhança de Botticelli, ocupa um lugar no nosso cânone; mas podemos ver agora que a sua admissão se deveu especificamente ao trabalho desenvolvido numa época passada, a um esforço controlado pelas condições históricas que identificamos como diferentes das nossas. O modernismo permanente é conferido a obras escolhidas por argumentos e persuasões que não podem, por si mesmos, permanecer modernos. Botticelli e Donne são tidos em elevada conta, apesar de o tom original do êxtase ter sido um pouco silenciado e os erros e falsas interpretações dos seus primeiros proponentes fazerem parte do registo. Reveste alguma relevância o facto de a preservação e a renovação destes mestres se ter tornado obrigação não de artistas e entusiastas despreocupados partidários da opinião, mas de professores cheios de teorias e que defendem o cânone.

Assim sendo, a opinião pode ter uma função de preservação. Facto simultaneamente óbvio e negligenciado nas discussões do valor nas artes, é também a sua força destrutiva — talvez de modo compreensível, pois é difícil falar do que não existe, e títulos como *Lost Plays of Shakespeare's Age*, de C. J. Sisson, têm uma aura de bastante rebuscados. Mas subsiste o facto de que a opinião pode ser aliada do acaso. Este actuará talvez antes da opinião, tomando parte na determinação da sobrevivência do que quer que possamos defender como opinião.

Por algum motivo é mais fácil dizer que um artista tem uma *fortuna* noutras línguas para além do inglês; podemos falar das suas «sortes», mas a palavra soa estranha, e tendemos a evitá-la mesmo que usemos o conceito. Mas pode dizer-se dos livros o que Machiavelli disse dos homens, que são confrontados pela sorte com um elemento de oposição irredutível, que ele descreve como caos, fatalidade, necessidade, e ignorância. E enquanto os homens puderem resistir à sorte, com alguma esperança de êxito através da prática da virtude, os livros e os meros *objets de vertu*, destituídos da *virtù* dos homens, serão eles próprios totalmente vulneráveis à perda e à decadência, à negligência e à iconoclasia. Temos conhecimento de muitos livros sobre os quais nenhum esforço da virtude ou da opinião alguma vez conseguirão fazer incidir a nossa atenção — por exemplo, cento e dezasseis peças de Sófocles foram rejeitadas por pedagogos do século II, talvez por nenhuma motivo especial que não fosse o de as restantes sete se encaixarem num único códice, concebido para ser usado nas escolas. As que sobreviveram viram-se de novo ameaçadas de extinção durante a grande transição da escrita em caracteres unciais para minúsculas, no século IX; tudo o que não fosse objecto de transcrição provavelmente perder-se-ia. E, mais uma vez, quinhentos anos depois necessitaram de novo golpe de sorte, que receberam quando alguém enviou para Itália, de barco, um único exemplar escassos anos antes do saque de Constantinopla em 1453. Ésquilo viu também mais de setenta peças suas serem reduzidas a sete; foram, além disso, feitas tentativas para reduzir ainda mais o seu cânone a três. Duas, as *Euménides* e *Agamémnon*, foram recuperadas em Bizâncio, mas as restantes, *Supplices* e *Choephoroi*, sobreviveram num único manuscrito que, felizmente, chegou também a Itália no século XV. Eurípedes teve um pouco melhor sorte, mas ao que parece, deveu-se a mero acaso [5].

O facto de um livro poder ser um monumento *aere perenius* é um conceito, apesar de em alguns casos mais felizes assim suceder. Textos sagrados gravados em materiais excepcionalmente duráveis e demasiado santificados para serem cortados podem, em condições climatéricas especiais, sobreviver como os pergaminhos de Oumran ou os textos gnósticos de Nag Hammadi, apesar de, quando as pessoas deixaram de falar deles, terem estado como que mortos e enterrados quase dois mil anos. Alguns livros sobrevivem apenas como fósseis na polémica dos seus opositores, tal como os gnósticos fizeram aos textos dos padres católicos triunfadores.

É possível recuperar estátuas de escavações ou retirá-las do fundo do mar, joalharia encontrada em túmulos, quadros em sótãos; mas a virtude só entra em cena (sob a forma de opinião ou conhecimento) posteriormente, quando é necessário identificar, conservar e falar dos objectos. Muito provavelmente a opinião condenou-os em primeiro lugar. As preferências preconceituadas constituem uma parte significativa da história da arte e dos documentos. Os professores de escolas e universidades que aboliram a maior parte das tragédias gregas estavam, como

---

(5) Para breves descrições da transmissão dos textos de Sófocles, Ésquilo e Eurípedes, ver Sófocles, *Philoctetes*, org. Webster (1970), Apêndice 2 (P. E. Easterling), 164--73; Ésquilo, *Agamemnon*, org. Denniston e Page (1957), xxxvi-xxxix; Eurípedes, *Bacchae*, org. E. R. Dodds (1960), li-lix.

diz o provérbio, apenas a cumprir a sua missão. Convém, então, recordar que a opinião não se encontra sempre do lado da virtude, mas pode ser um meio de esquecimento, assim como a principal defesa contra ele.

Com efeito, talvez não devêssemos fazer uma distinção tão demarcada entre as suas duas funções, já que o carácter perpétuo de um objecto implica muitas vezes o esquecimento do outro. A opinião é a grande criadora de cânones, e não pode haver no seu interior privilegiados sem se criarem marginais, apócrifos. A atenção daquelas comunidades eruditas (mas mesmo assim opiniáticas) que assumem a responsabilidade da continuação e da modernidade do cânone incide, naturalmente, nos do interior, e os outros ficam sujeitos à regra do tempo, tornando-se meramente históricos. Por um motivo ou outro, continuarão talvez a existir, mas, em virtude de atraírem esporadicamente e de forma não comprometedora a atenção, a sua situação será, na melhor das hipóteses, de semivida; são também vítimas do acaso e da opinião. A continuidade da atenção e da interpretação, sendo-lhes negada, fica reservada aos canónicos. Esta continuidade, visível durante longos períodos de tempo e assinalada por mudanças que cumulativamente transformam os objectos mas que nunca são bruscas a ponto de os destruirem, tem diversos nomes: Tradição, Paradosis, Massorá. E como nos encontramos forçosamente mais envolvidos com os vivos do que com os mortos, com aquilo que a sabedoria acalenta e a interpretação refresca e não com meros restos, afigura-se necessária, mesmo nesta fugaz panorâmica das forças que norteiam e controlam a atenção que dispensamos aos objectos canónicos, uma palavrinha sobre a Tradição.

O processo de selecção do cânone pode ser muito longo mas, uma vez concluído, as obras nele incluídas serão normalmente dotadas dos tipos de leitura que necessitam se pretendem manter a sua proximidade de qualquer momento; ou seja, manter a sua modernidade. Adquirem rapidamente a imunidade à alteração do texto, pelo que as mudanças necessárias devem ser todas interpretativas; e toda a interpretação se rege pelo preconceito. Consequentemente, a necessidade de se manter moderno impõe às obras escolhidas transformações tão grandes como quaisquer outras por que tenham passado em redacções pré-canónicas. Encontram-se inesgotavelmente cheias de sentidos em parte apenas acessíveis a qualquer leitura prévia, e a influência cumulativa que a tradição exerce sobre novas leituras é caprichosa e parcial. Cada verso encontra-se secretamente associado, através de formas a descobrir, a todos os outros; o texto é um sistema mundial.

E como a obra canónica está fixa no tempo mas é aplicável a todo ele, tem qualidades figurativas indetectáveis, excepto num momento adequado do futuro. As interpretações podem ser consideradas não como incrementos modernos mas antes como descobertas de significados originais até ali ocultos; deste modo, juntamente com o texto escrito, estas interpretações constituem um objecto total de que o texto é apenas uma parte ou versão: uma Tora Oral, ou Tradição Oral, preservadas por uma instituição apostólica, igual em autoridade e coeva com a escrita. É assim que a conversação transgeracional desempenha uma função de virtude por oposição à sorte. O comentário haláquico abrange e protege um conjunto original de leis que de outro modo correria o risco de parecer obsoleto e irrelevante, através da subtil aplicação a novas condições. O comentário hagádigo combina a exegese com novas narrativas mais abertas. Presumem uma arqui-Tora, constituída pelo texto e tudo o que de inesgotável se afirma a seu respeito. O objectivo é demonstrar que a Tora é sempre completamente significativa. Aqueles elos e cruzamentos infinitos de significados, aquelas condensações e deslocações a que a interpretação normativa dá importância, são tantos quantos os que se podem encontrar no mundo da criação com o qual é coextensivo. O mito que sustenta esta interminável conversação de intérpretes é, em síntese, o do significado ilimitável de um mundo de texto, um mundo de verdade a que a opinião aspira.

Esse mito surgiu na altura em que foi destruído um culto; ocupou o lugar de um templo, deu origem a uma conversação que uniu uma nação e uma religião através de todas as vicissitudes. Na prática, é uma maneira de inferir a intenção de um texto dos seus produtos exegéticos, que, neste sentido, suplanta o texto original, fazendo o trabalho que, antes de o cânone existir, era efectuado de forma mais simples pela redacção. A flexibilidade do método é aumentada, em vez de diminuída, pela formação de normas hermenêuticas, o *middot*; facilitam a livre interpretação mediante recurso à analogia, ao paralelismo, ao argumento *a minori ad maius* e assim sucessivamente; trata-se de um repertório retórico que poderia perfeitamente interessar Paul de Man, talvez em particular no que se refere ao tratamento do requisito de que seja sempre observado o sentido verdadeiro. Foi, por consequência, demonstrado que *peshat* significa realmente autoridade; o sentido verdadeiro é o que a tradição e o professor dizem que é, e a semântica da palavra demonstra [6].

---

[6] Ver R. Loewe, «The 'Plain' Meaning of Scripture in Early Jewish Exegesis», in *Papers of the Institute of Jewish Studies London*, org. J. G. Weiss (1964), 144-85.

À margem desta tradição, que se desenvolveu oralmente ao longo de séculos, terá surgido mais tarde um conjunto de interpretações escritas que ganharam uma autoridade que só fica atrás da do texto sagrado, um comentário que deveria corroborar um metacomentário. E, de igual modo, da prática do comentário surgiu grande parte da narrativa de outro texto sagrado, o Novo Testamento, cuja sobrevivência dependeu inicialmente da sua consonância com o cânone que lhe deu origem, mas que se desenvolveu independentemente, e uma relação em parte antitética e em parte complementar desse antecedente, uma relação de plenitude figural. Seria também regulado por uma tradição oral anterior de que a nova instituição era o único guardião, o único juiz entre opinião (ou heresia) e verdade (ou doutrina). Assim, a comunidade de interpretação subsistiu e prosseguiu o seu propósito, dividindo o sentido do texto escrito de acordo com interpretações posteriores em promulgação, mas creditadas com a prioridade oral, e assim consideradas questões de verdade, e não de opinião.

Podemos considerar estes vastos exemplos de consenso transgeracional como tendo, na sua época, satisfeito a necessidade de separar o conhecimento da opinião, a doutrina sã da heresia. Puderam fazê-lo muito menos facilmente na altura em que a Tradição esteve ameaçada, como sucedeu quando as heresias da Reforma fizeram perigar a instituição que protegia a tradição católica. O carácter sagrado e a integridade das Escrituras em si não foram postos em causa, apenas o seu suplemento interpretativo; aquilo que fora verdade era agora condenado como opinião errónea, como algo que se interpunha entre o cristão e o seu texto, impedindo o acesso imediato a ele (pois nascera aqui outro forte mito).

Ao negar a autoridade e a tradição, a Reforma demonstrava ser possível alterar uma relação de centro para margem. O que agora importava eram as palavras na página. Era possível chegar perto do que inicialmente se pensara insignificante, e rejeitar como falsa qualquer interpretação doutrinária que dependesse não das Escrituras mas da tradição, agora proibida por alegação de que o texto original, em virtude da sua inspiração divina, era *sui ipsius interpres*. A crença de que todo o homem era sacerdote e intérprete de si mesmo gerou novas heresias, incluindo a de que só a interpretação herética é válida. Tal como na história do freudianismo, a interpretação irreflectida colidia com o dogma institucionalizado. As novas instituições menos poderosas a nível central não podiam evitar semelhantes progressos, e (para comparar coisas grandes com outras pequenas) pode dizer-se que o principal esforço da doutrina bíblica profissional, desde o Iluminismo, tem sido conseguir para a Bíblia da Reforma o que Horne fez por Botticelli e Grierson por Donne: trazer a um objecto agora reavaliado pela opinião os benefícios do conhecimento exacto.

Um efeito deste desenvolvimento foi a dissolução do cânone em livros separados, cada um com a sua própria história, e é justo chamar-lhe uma consequência remota do ataque original à instituição. Está neste preciso momento em curso uma discussão entre estudiosos que pretendem ver instituídas de novo as virtudes da canonicidade, e aqueles que consideram o método histórico objectivo como o único caminho para a verdade(7). Essa verdade, muito provavelmente, revelar-se-á incongruente com o pressuposto de que os textos bíblicos referem os acontecimentos tal como tiveram realmente lugar, sendo por esse motivo que os críticos modernos do Novo Testamento estão a manifestar interesse pela teoria literária secular, e em particular a teoria da ficção. Chega a ser defendido que o futuro do Cristianismo pode estar dependente de uma nova interpretação da ficção como forma de verdade. Talvez por isso deva ser perspectivada como uma nova maneira de opor a virtude à sorte nos interesses de preservação do objecto avaliado, permitindo a sobrevivência do cânone.

Os cânones que negam a distinção entre conhecimento e opinião, que são instrumentos de sobrevivência construídos para resistir ao tempo, mas não à razão, são, logicamente, inconstrutíveis; se as pessoas pensarem que tais coisas não deveriam existir, podem muito bem encontrar os meios de as destruir. A sua defesa não deve mais ser assumida pelo poder institucional central; deixam de ter carácter obrigatório, apesar de dificilmente se ver de que maneira o funcionamento normal das instituições doutrinárias, inclusivamente o recrutamento, consegue passar sem elas.

Um dos motivos de os cânones teológicos dificilmente serem defensáveis reside no facto de parecer que o conhecimento destruiu muitas das razões para serem como são; outro é que a própria rigidez constituiu inicialmente uma forte protecção. Ao pensarmos na canonicidade ao nível da história das artes e da literatura, temos imediatamente de reflectir que os nossos cânones nunca foram impermeáveis; que os defendemos sempre com um carácter muito mais provisório do que se fosse uma Igreja a

---

(7) Ver Brevard S. Childs, *Introduction to the Old Testament as Scripture: Canon, Authority and Criticism* (1983), para perspectivas plenamente divergentes. Também John Barton, *Reading the Old Testament* (1984).

fazê-lo; que temos, por conseguinte, a vantagem de sermos capazes de preservar a modernidade das nossas opções sem perdermos o direito de contribuir para elas e até de excluir delas os outros, não por meio de processos administrativos complicados, mas apenas continuando a dialogar. Podemos discutir, mas de um modo geral todos sabem o que se está a tratar, mesmo quando o tom e o conteúdo das observações causam surpresa. Ou seja, o trabalho de preservação e defesa é empreendido por muitas vozes em cooperação, conquanto contrariada, para um fim, e não através de uma autoridade central que resiste àqueles que lançam o desafio.

Talvez alguns teólogos nos invejem esta liberdade de opinião, criada em parte pela certeza de que o valor por ela conferido aos objectos em discussão lhes sobreviverá e também à próxima reocupação do centro. O que devemos ter presente como condição desta liberdade de interpretação é que não disfrutamos de uma posição privilegiada, que avançamos as nossas interpretações sem qualquer certeza de estarmos a ver de modo definitivo as questões nas suas proporções e relações adequadas.

Poder-se-á afigurar a alguns uma descrição injustamente branda da nossa empresa, pois ultimamente temos estado mais contestários do que o habitual, e existem entre nós diferenças aparentemente irreconciliáveis. São, na verdade, profundas e extensas; e posso agora falar de um único aspecto delas, pois apresenta-se em relação ao que disse a respeito de Horne e Warburg, que se dedicaram, embora recorrendo a meios muito diferentes, à elucidação e à preservação do mesmo objecto. As suas atitudes são tão diversas que se pode pensar neles como representantes de uma polaridade que é natural, ou consuetudinária, no estudo moderno do passado. Horne, apesar de muito consciente da força da opinião contemporânea, parece ter estado consciente da inexistência de impedimentos à concretização, impossível aos seus antecessores apenas porque desconhecedores do acesso a Botticelli e da Florença da sua época. Warburg, que não podia senão interessar-se pela hermenêutica do seu contemporâneo Dilthey[8], esteve sempre consciente das longas perpectivas da história, do mistério da repetição, do pormenor divino que ressurgia por entre as configurações em mudança dos tempos. Deste estado de consciência provieram as teorias sistemáticas da história — as de Usener, Vignoli, Springer, do próprio Warburg, construídas a partir de outras: velhos sistemas revistos, as suas

---

[8] Sássi, 88 (ver cap. 1, n. 42).

complicações analisadas em novos princípios. Parece escusado dizer que nenhum sistema existente, nenhuma expressão inicial de princípio, pode servir. Se todos os sistemas laboram no erro, para quê atribuir-lhes importância? Uma resposta — sugerida pela reacção de Ernst Cassirer à biblioteca de Warburg[9] — seria que a sua preparação pode requerer uma tal colecção, uma espécie de teatro de memória para a cultura, facultando aos sucessores os meios de ver novas coisas e pensar de forma inovadora sobre a história da humanidade. Outra, mais abstracta, poderia ser que, a julgar pelas aparências, será bom investigar o carácter dos nossos próprios pressupostos e, a julgar também pelas aparências, será mau supor a sua inexistência. A crença dos hermeneutas — de que toda a interpretação tem de tomar em linha de conta as suas próprias limitações históricas — acaba por exigir uma filosofia e uma história sistemáticas. A crença dos «objectivistas» — um rótulo não muito adequado, mas terá de servir aqui — é que essas limitações, na medida em que existem, são eliminadas pelo saber e pela acção interpretativa inteligente.

Hans-Georg Gadamer, ao debater a hermenêutica «objectivista» de Emilio Betti, faz a seguinte obervação: «Fica-se logo a saber, quando se lê um ensaio clássico de Mommsen, a única ocasião em que poderia ter sido escrito. Até um mestre em método histórico não é capaz de se libertar inteiramente dos preconceitos da época. Existe uma falha? E mesmo que existisse, considero que é uma tarefa filosófica necessária apurar as razões de tal fracasso se registar sempre que algo é conseguido»[10]. Deduz-se que nenhuma obra está livre do preconceito, e que se estivesse, não triunfaria. Não nos surpreendeu o facto de Horne, assim como Warburg, ser tocado pelo preconceito contemporâneo, apesar de Warburg se ter debruçado mais sobre o assunto. A partir dos sistemas dos seus grandes antecessores — manifestamente insatisfatórios — construiu o seu próprio, consciente de que respondia às necessidades que lhe eram específicas, consciente também de que deveria, como os deles, falhar, mas supondo, como o próprio Gadamer, que este tipo de malogro é necessário ao êxito.

Os sistemas nem sempre foram compreendidos desta maneira provisória e experimental. Coleridge, reconhecendo desta vez a sua fonte em Schelling, comenta na *Biographia Literaria* que Leibniz era capaz de conceber uma filosofia que «explicasse e recolhesse os fragmentos de verdade espalhados pelos

---

[9] Ver cap. 1, n. 53.
[10] H. G. Gadamer, *Truth and Method* (1960): 1975 trad., 465.

sistemas aparentemente mais díspares». A verdade, apesar de largamente difundida, encontra-se muitas vezes dissimulada ou mutilada pelo erro; mas, diz Coleridge, poderia criar-se uma filosofia constituída por verdades desagregadas do cepticismo, platonismo, neoplatonismo, estoicismo, cabalismo, hermetismo e «da solução mecânica de todos os fenómenos específicos, segundo Demócrito e os filósofos recentes», que se apresentariam «unidos em torno de uma perspectiva central». Unicamente a partir desse ponto seria possível detectar aquelas regularidades que, de todos os outros pontos de vista, se apresentariam «confusas e distorcidas». Tudo o que nos impede de averiguar este aspecto é «o espírito do sectarismo» [11].

Esta visão do erro finalmente corrigido, deixando somente a verdade sistemática, é constituída em parte pelos resíduos dos processos do próprio Coleridge. Os sistema-sonho é imutável e inalterável, pois qualquer modificação destruiria aquela posição de que é possível ver o todo. Essa posição pertence à autoridade suprema; é o trono de um duque ou de um rei num teatro de estilo pseudoclássico. A única solução seria a de Blake, criar um sistema próprio a fim de não se ser escravo do de outro homem, apesar de a decisão de Blake ser, na verdade, realmente também a de Coleridge, conquanto de uma perspectiva diferente. E, não obstante estes sonhos se repetirem com frequência, as mudanças no tempo e no espaço e o conflito de gerações são seus opositores fatais. E ficamos agora a saber que, se verdadeiro, um sistema deve estar incompleto e, se completo, é falso; ou que os criadores de sistemas deveria introduzir nos seus próprios sistemas uma forma de reconhecimento do seu possível erro e destinada à obsolência ou ao esquecimento.

Um dos factores que garantem a falibilidade do sistema é o reconhecimento de que toda a observação se encontra dependente do pressuposto teórico; tal pressuposto deve variar de época para época, de uma comunidade de interpretação para outra, e mesmo de indivíduo para indivíduo. Existem filosofias modernas que sustentam que algo do género é verdadeiro mesmo nas ciências naturais — que a verdade científica está dependente da teoria. Partindo, então, do princípio de que as teorias são o que qualquer um pode ter, a verdade científica é também uma questão de opinião. Este «anarquismo epistemológico», veementemente defendido por Paul Feyerabend [12], encontra eco noutro tipo de

---

[11] S. T. Coleridge, *Biographia Literaria* (1817), cap. xii.
[12] Paul K. Feyerabend, *Philosophical Papers* (2 vols.); e uma crítica a estas obras, por David Papineau, *Times Literary Supplement*, 29 de Outubro de 1982, 1198, da qual foram retiradas as citações.

filosofia, por parte de pensadores que podem estar mais relutantes em ir tão longe, mas que, não obstante, rejeitam «o dado»; que «desacreditam a própria noção de ter uma perspectiva», apesar de se encontrarem na posição difícil de deverem apresentar uma. Sabem, como afirma Richard Rorty, que «a 'superstição' deste século foi o 'triunfo da razão' do século passado», e sabem que o seu próprio trabalho «perde a oportunidade quando acabar o período contra o qual se estão a insurgir»([13]). Olham para os sistemas do passado, não à procura de materiais de construção, mas a fim de arranjar um espaço onde o jogo da conversação possa prosseguir o seu curso imprevisível; um jogo a que Rorty chama «maravilha», em vez de fazer brilhantemente eco da definição de maravilha de Bacon, como «conhecimento imperfeito».

Neste ambiente ou atmosfera é impossível que o tipo de sistema para o qual Warburg trabalhou possa, durante muito tempo, ter mais do que interesse como antiguidade; mas o mesmo se terá de dizer de qualquer outro, por exemplo, de qualquer um que pressuponha a hipótese de acesso ao passado «como era realmente», a verdade como era realmente para algum autor recuado e para a sua audiência inicial. E, muito simplesmente no que se refere ao «conteúdo teórico», há tão pouco por onde escolher entre Warburg e Horne, ou entre a hermenêutica «objectivista» e «historicista» ou, no que se lhe refere, entre os «anarquistas epistemológicos» da crítica literária moderna, como Stanley Fish e os seus opositores conservadores. A única coisa que se pode fazer é repetir que Warburg e outros como ele estão mais conscientes da natureza dos seus processos intelectuais, e da falibilidade que é inseparável da sua utilidade. Acreditando que a relação do passado com o presente, qualquer presente, é misteriosa, que a outra parte não acredita, somos obrigados a fazer conjecturas racionais a seu respeito, e a supor que, tendo em atenção a sua grande complexidade, podemos falar de uma forma mais proveitosa a seu respeito do que se a ignorarmos. Existe, em suma, uma forte noção, talvez se lhe pudesse até chamar mito, de que de algum modo tudo se mantém unido e que pelo menos se pode começar a demonstrá-lo. Assim, Warburg procura indícios para a estrutura e o funcionamento da *Nachleben* em Darwin, na origem animal das expressões faciais, na história da magia, na filosofia do medo, de Vignoli, nos engramas mnemónicos de Semon. Contempla estes mistérios — continuidade e descontinuidades da atenção, a repetição de imagens, de ideias; estuda a memória mas também o esquecimento, e as repetições conscientes e inconscientes;

([13]) Richard Rorty, *Philosophy and the Mirror of Nature* (1980), 371, 369.

apercebe-se de que nada é tão simples como supõem os objectivistas, quer na história cultural, quer na individual.

Freud, seu contemporâneo, foi outro criador de sistemas, outro remendão dos seus próprios sistemas e dos dos outros, que também encontrou na pré-história de um sintoma ou de uma imagem continuidades e lacunas que se repetiram na história transindividual. Acreditava, também, que para ter uma verdadeira força interpretativa, uma teoria deve colidir com tudo. Pressupõe-se, por conseguinte, que tudo se mantenha unido, apesar de se conceber de igual modo que há lugar para muitas explicações. Warburg saberia, talvez com maior clareza do que o seu grande contemporâneo, que as condições sob as quais pensavam eram em parte determinadas, que não tinham qualquer controlo absoluto sobre elas. O tempo se encarregaria dos outros sistemas; mas poderiam então ter feito o seu trabalho e poderiam ter também a sua própria *Nachleben* quer como depósitos no pensamento dos outros, quer nas doutrinas de uma instituição como a da psicanálise, intensamente cismática, no entanto, reconhecendo ainda a autoridade das suas bases originais. De pelo menos mais uma questão estavam estes dois relativamente conscientes, e é a acção de uma certa casualidade nas suas operações sistemáticas: a sorte do terceiro ouvido ou olho, a graça especial da adivinhação.

Pode procurar-se, nas ruínas dos sistemas dos mentores semi-esquecidos de Warburg, a história recente desta consciencialização. Vem brilhantemente ilustrada num estudo actual de Lionel Gossman sobre as relações de Bachofen e Mommsen como patrocinadores de perspectivas contrárias sobre a antiguidade [14]. Bachofen é agora lembrado (nos EUA e Grã-Bretanha) apenas pela sua crença numa época primitiva de matriarcado ou «direito da mãe». Esta doutrina deixou as suas marcas no pensamento de Engels, Freud e Jung, mas agora não é aceite. Havia, no entanto, muito mais em Bachofen. Partilhava com Nietzsche, um concidadão de Basileia, a ideia de que o mundo antigo, segundo a representação dos filólogos predominantes no século XIX, era uma falsificação, o produto da sua própria civilização odiosa e estranha. As ideias de Bachofen foram retomadas pelo círculo de Stefan Georg, um *Foyer* agora quase universalmente censurado. Gadamer culpa efectivamente o humanista por acolher «as modernas religiões-*ersatz*» permitindo-se assim ser usado — «a vítima da monomania das suas próprias instituições» — pelos

---

(14) Lionel Gossman, *Orpheus Philologus: Bachofen versus Mommsen on the Study of Antiquity. Transactions of the American Philosophical Society*, vol. 73, 5.ª parte (1983).

precursores do nazismo ([15]). Gossman comenta que tal crítica, apesar de não totalmente injusta, é manifestamente insuficiente, pois ignora a crítica de Bachofen à cultura que apoiava a arrogância de historiadores como Mommsen; e ignora também a sua perspectiva genericamente mais profunda das relações de passado e presente.

O lema de Bachofen, *antiquam exquirite matrem*, conviria a muitos historiadores, mas tinha uma aplicação especial no seu caso. Gostava também de comparar a missão do historiador à dos enigmas fatais e decifráveis de Édipo, e à de Orfeu, unindo os mundos dos vivos e dos mortos ([16]). Para tal missão, o conhecimento era-lhe tão necessário quanto a Warburg, e também aos historiadores mais «objectivos», incluindo aqueles que podem pensar que de muito pouco mais necessitam. Mas Bachofen acreditava que o passado não seria conhecido se não existisse, entre ele e o presente, uma forma de correspondência que reside bem nas profundezas da mente humana, para que pudesse falar, como eventualmente teria feito Warburg, de uma antiga escultura fúnebre como sendo reconhecida apenas pela virtude daquela correspondência oculta ([17]). Parece pertinente existir entre a sua sabedoria e a sua vida pessoal uma elegância de estilo muito semelhante àquela que Warburg descobriu em si próprio. A sua antiguidade serviu de compensação à obrigatoriedade de viver num mundo afectado por uma perturbação de que a filologia «científica» positivista constituía indício ou sintoma. O seu contacto com o passado não deixava de se apresentar, como o de Mommsen, problemático; era antes um reconhecimento como aquele de que Warburg se apercebera ao surgir, nos trajos burgueses flamengos da Florença quinhentista, ou num posterior mundo moderno de telegramas e arte nova, a figura da ménade.

Por bem, ou por mal, quis o destino que tanto Bachofen como Warburg integrassem uma tradição viva e sobrevivessem transformados num futuro imprevisível mas não descontínuo. Gadamer salienta que Mommsen, longe de transcender a sua época, se identifica muito nitidamente com ela. Nietzsche, que à sua maneira tinha alguma afinidade com o modo de pensar de Bachofen, escarneceu do que chamou «a crescente procura do juízo histórico», tomando-o por uma forma de apocaliptismo, «como se a nossa época fosse provavelmente a última possível, uma velha época do mundo em que é oportuno lançar os nossos

---

([15]) Gadamer, 462.
([16]) Gossman, 38.
([17]) Gossman, 49.

valores». A validade deste comentário ganha realce sempre que vemos críticos que partem do princípio de que os seus precursores estavam limitados pela sua situação histórica, pressupondo sempre que eles próprios não estão. A posição nietzcheana é mais inteligente, pois não é inteligente ignorar as abundantes provas de malogro do apocaliptismo, nem ser o servo inconsciente de semelhante mito. É também revelador de maior modéstia, pois evita que uma pessoa se vanglorie de a sua posição de vantagem apresentar condições únicas privilegiadas; e, por último, é mais vivificante já que, em vez de tentar aproximar a história do ponto em que nos encontramos, olha para um futuro em que talvez nós próprios e decerto os nosso descendentes, estamos a trabalhar. *Memento vivere*, afirma Nietzsche [18]; recorde-se também que nos tornaremos uma pequena parte de uma tradição viva da interpretação, parte da dialética entre opinião e conhecimento.

A menção de Nietzsche faz-nos lembrar que nada disto constitui nova doutrina. *Memento vivere* inclui *memento mori*; apesar de a morte poder ser mitigada através de uma pequena dose de sobrevivência e de repetição na tradição, não se espera que sejamos tratados como se tivéssemos estado *dans le vrai.* Os nossos sistemas serão interpretados como ficções, que é efectivamente o que são na perspectiva nietzscheana; pois se a mente é um instrumento que organiza o mundo de acordo com as suas próprias necessidades e desejos, estes arranjos devem ser fictícios. Na minha primeira palestra, refiri a pergunta de E. H. Gombrich quanto ao carácter real ou metafórico dos símbolos de Warburg. Para Nietzsche, a questão apresentar-se-ia destituída de força; provavelmente teria pensado que os símbolos de Warburg cabiam, como os de Yeats, no seu sistema: constituem formas de unir justiça e realidade num único pensamento, em que a justiça é uma maneira de pensar no mundo que está de acordo com o pensador e é susceptível de sustentar o seu projecto quando a sua própria realidade não o consegue. Ou: tais metáforas são uma maneira de redescrever o mundo de acordo com um novo modelo. Este tornar-se-á obsoleto. Apercebermo-nos, no decurso da convenção contínua, que é assim porque é assim e quais os benefícios de, na altura, não ter sido assim, pode proporcionar um exemplo da separação do conhecimento dà opinião, excepto que o seu processo de acção ficará ele próprio sujeito à mesma disciplina. Os pensadores desconstrutivistas sabem-no bem, mas é

---

[18] F. Nietzsche, *The Use and Abuse of History* (1873); 1949, trad. Nietzsche refere a propósito da relação dos humanistas clássicos com os gregos: «Nada têm a ver uns com os outros, e a isto chama-se 'objectividade'!»

difícil actuar sobre o conhecimento; pois ter conhecimento é saber algo do que significa conhecer, e eis-nos chegados àquele momento característico do pensamento não construtivista, a dúvida. Inclusivamente, Richard Rorty manifesta uma tendência, tendo destruído o sistema, para presumir que podemos, com a nossa própria crítica, endireitar as coisas e mantê-las assim numa espécie de *nunc stans* filosófico. Nas suas observações finais, diz que não sabe aquilo que noutros sítios demonstra por muitos indícios saber — designadamente que nos encontramos agora no final de uma era; uma hesitação, um retrocesso do apocalipse. E penso no contributo de Wallace Stevens para esta conversação, expresso num aforismo, que agradará a Rorty: «A imaginação está sempre no fim de uma era». É o mais profundo dos Adágios.

Stevens comentou ainda que as investigações do filósofo são intencionais, mas as do poeta são fortuitas; e que apresenta outra razão para a dificuldade de criar ligações duradouras entre poesia e pensamento distemático. Mas tenho defendido que, apesar de serem mortais, e mesmo na sua época menos fortes do que a opinião mais ou menos ignorante, estes sistemas têm a função de preservar e estimular; os aforismos e *obiter dicta* (*pace* Rorty) mal conseguem resultar, quanto mais não seja porque a unidade do mundo, a ideia de ordem intencional ou acidental perturbada, é uma ficção que nos atormenta tal como a fantasia de Coleridge de uma perspectiva ordenada inalterável.

Tenho estado a servir-me da distinção formulaica de Johnson entre conhecimento e opinião como um *point de retour*, mas desta vez é evidente, suponho, que não servirá, pelo facto de a distinção ser arcaica e sem grande utilidade na actual conjuntura. Regista-se uma conversação, e o seu rumo afastou-se diametralmente de tais certezas; a natureza de um homem é o costume de outro homem e, na verdade, é difícil pensar na natureza ou no conhecimento como possuidores de um grau de definição necessário à construção de uma frase johnsoniana, distinguindo-os dos seus opostos com enorme força antitética. Se pretendem intervir na conversação devem ser reduzidos a fichas de conversação, que devem poder ser usadas num jogo em que a característica principal é o descarte.

Não tenho a menor dúvida de que a conversação, o jogo, devem prosseguir, pois é o meio através do qual os objectivos básicos da minha própria atenção têm de despertar a atenção de outra geração. Os interessantes desvios no diálogo são, sem dúvida, apanágio dos jovens. Dryden comentou que os velhos não deveriam

... dos sedimentos da vida esperar receber
O que o primeiro fluxo viçoso não pode conceder —

e estes versos foram citados por David Hume e mais tarde por Nietzsche[19]. Não será de esperar que de futuro os progressos da conversação sejam satisfatórios, quando os antigos se revelaram insatisfatórios. Na geração anterior, os sistemas e teorias da crítica seguiram-se com extrema rapidez, passaram à história por lhes faltar o que se veio a afigurar como a natureza do caso. Como historiador diversificado, sempre me interessei por eles sem nunca querer tomar o seu partido, vendo-os antes como os agentes transitórios de uma tradição extremamente complexa. Mas estou de acordo com aqueles que afirmam que a noção de tradição nunca esteve tão debilitada como agora, o sentido de um passado literário menos forte; e respeito, consequentemente, na obra de escritores como Gadamer e Jauss, a tentativa de transformar a consciência histórica numa ideia moderna e aceitável.

Se parece uma resignação demasiado fácil, acrescentarei que a canonicidade se me afigura ainda uma importante forma de preservação, e apesar dos sucessivos ataques, ainda poderosa. A opinião continua a manter os cânones. Um exemplo trivial: apresentei recentemente numa turma de finalistas que estava acostumada a debruçar-se sobre questões de alto nível, o romance de Arnold Bennett *Riceyman Steps*, que muito aprecio. Dá-se o caso de ser quase contemporâneo de *Ulysses*, A reacção inicial deste grupo extremamente inteligente foi perguntar a razão de ter trazido o texto para a aula. Sucede que mesmo no meio do romance, e de manifesta importância estrutural, surge um bolo de noiva[20]. Procurando um instrumento de comparação, um estudante muito bom comparou este bolo de noiva com o que surge em *Madame Bovary*. Era suficiente; não sentiu necessidade do outro instrumento, a análise, pois o bolo de Bennett desmoronou-se em presença do majestoso bolo canónico de Flaubert. Na discussão geral, o valor que foi atribuído à obra de Bennett circunscreveu-se exclusivamente ao plano histórico; reproduziu a vida dos pobres e das classes mais baixas da Londres dos anos imediatamente subsequentes à Primeira Guerra Mundial; explorou habilmente a técnica da agora desaparecida tradição do romance inglês: o faceto. Em momento algum foi objecto do tipo de consideração, da forma de atenção, reservada

---

[19] O meu amigo John Wain, aderindo à sequência, chamou à autobiografia da sua juventude *Sprightly Running*; espero que o seguinte não se intitule *The Dregs of Life*.

[20] Para mais pormenores sobre o bolo de noiva, ver Kermode, *The Art of Telling* (1983), *Prólogo*.

aos livros que se estima pertencerem ao que frequentemente se designa por «cânone modernista».

Aos livros que se considera pertencerem àquele cânone é atribuído não só um enorme valor mas também uma minúcia quase rabínica ao nível do comentário e da especulação. As pessoas da minha época, que nada tem de prodigiosa, conseguem lembrar-se facilmente de uma altura em que *Ulysses* não era tão favorecido; no entanto, agora conseguiu impor-se, ao passo que *Riceyman Steps* é meramente apócrifo, e susceptível de se desvanecer. *Ulysses* adquiriu um modernismo perpétuo, assegurado por uma interpretação contínua e fértil, mas *Riceyman Steps* mergulha na história — quando muito alimenta as análises marxistas.

Estar dentro do cânone é estar protegido do desgaste normal, ser merecedor de um número infinitamente grande de possíveis relações internas e segredos, ser tratado como um heterocosmos, uma Tora em miniatura. É adquirir propriedades mágicas e ocultas que são de facto muito antigas. Sir Thomas Browne descreveu o mundo como um «manuscrito público e universal»([21]), uma descrição pretensiosa da noção de Santo Agostinho do mundo como um poema, visível e acessível a todos, apesar de as suas correspondências estarem vedadas a todas as mentes, excepto as mais perspicazes. Baudelaire deu à ideia uma formulação moderna forte num soneto famoso. A equação é ambivalente: se o mundo é um livro, reunido, quando visto pelo prisma certo, num único volume, então o livro é um mundo capaz de ser desfolhado num universo. Todas as discórdias se podem converter em concórdias, quer no céu, quer nas páginas. Para o livro, ou o mundo, o tempo pára; apenas os observadores, os intérpretes, são mutáveis e se encontram sujeitos ao atrito temporal.

Estes intérpretes devem estar vigilantes e ser zelosos, pois conservar uma obra canónica, mantê-la num estado de modernidade intemporal, é empresa delicada e infindável. Por isso o cânone, apesar de não ser hermético, é difícil de penetrar. Os pretendentes são frequentemente aconselhados a candidatar-se a algum outro cânone, digamos o «pós-moderno». A luta pela admissão no «cânone modernista» poderia ser ilustrada com base no caso de *The Good Soldier*, de Ford Madox Ford, que se encontra ainda na antecâmara, ou então no limiar. Mais afortunado de certo modo, Conrad foi há muito admitido, conquanto a sua presença exija pelo menos idêntico esforço dos intérpretes. De

---

([21]) *Religio Medici* (1643), I.16.

facto, não é difícil imaginar o tipo de comentário que sustentaria a modernidade do romance de Ford. Poder-se-ia atribuir aos seus anacronismos, se fosse concedido ao romance o estatuto de heterocosmo, uma condição quase teológica; seriam aspectos de um mundo igual ao de Deus, em que, como nos diz Boécio, o sentido humano da ordem seriada não passa de uma ilusão. O mundo de Deus é como um «caso» fordiano, em que a sequência é reduzida na medida do possível à simultaneidade, a um *nunc stans*; um mundo em que os fenómenos e encontros triviais têm uma grande força figurativa. Mas é lógico que não existe um limite para a variedade de formas através das quais, uma vez admitido, pudesse ser confirmado na sua posição; não poderia existir, já que, se toda a interpretação excepto uma parte transmitida como tradição, é, ao contrário do seu sujeito, mortal, terá em princípio, de existir sempre a possibilidade de constante renovação.

Quando Paul de Man refere que a importância de um cânone provém do valor dos elementos que o compõem, impõe-se-me levantar objecções; a verdade deve, pelo menos parcialmente, ser o inverso. Mas quando ele afirma que a interpretação é apenas a possibilidade de erro, e que não é Rousseau, mas os seus intérpretes que estão cegos, tornar-se-á mais convincente, pois o que diz a respeito de Rousseau é o que se afigura necessário pensar de todos os livros canónicos, e a cegueira dos intérpretes é uma condição necessária desse pensamento. De Man apresenta em *Blindness and Insight* uma maravilhosa epígrafe de Proust: «*Cette perpetuelle erreur, qui est précisément la vie...*»([22]). A cegueira é vital e benéfica, pois todas as interpretações são erróneas, mas, todavia, algumas, atendendo ao seu propósito básico, são válidas, dizendo o que não pretendiam ou mais do que pretenderiam, e vencendo o tempo. Talvez uma interpretação perfeita fizesse, como disse Valéry a respeito da realidade pura, parar o coração. Uma interpretação suficientemente válida é o que fomenta ou permite determinadas formas de atenção necessárias.

Na minha perspectiva, o que importa é o facto de deverem continuar a existir maneiras de induzir estas formas de atenção, mesmo que no fim se encontrem todas na dependência da opinião. A mera possibilidade de algo de valor não vir a submeter-se ao domínio do tempo — e não necessitamos de suscitar aqui a questão da origem desse valor, quer inerente, quer da lavra dos intérpretes — é a verdadeira justificação de prosseguirmos a nossa clamorosa e obstinada conversação.

---

(22) Paul de Man, *Blindness and Insight* (1971).

Como acredito nisto, deduzir-se-á que não consegui distinguir o conhecimento da opinião, ou mesmo aquilo que se encontra estabelecido porque está certo, daquilo que está certo apenas porque estabelecido. Muito simplesmente: o que quer que tome o partido da virtude contra a sorte, o que quer que preserve e restitua algum objecto cujo valor possa ter estado ou esteja em risco de se perder está, conquanto sujeito a erro, certo. Assim, os engramas fóbicos de Warburg estão certos, e também as alegorizações do Cântico dos Cânticos e as «leituras» agora institucionalizadas de *Ulysses*, e os mitos do heterocosmo ou a dissociação da sensibilidade. De igual modo, podem ser válidos os argumentos contra todas estas coisas. O que não é válido é algo que possa destruir os objectos valorizados ou o seu valor, ou extrair deles as formas especiais de atenção que lhe foram conferidas.

Estas meditações, pois não se lhes poderão chamar discussões, surgem dos meus comentários às duas primeiras palestras. A opinião, com a mais ínfima porção de algo que por gentileza se venha a chamar conhecimento, fez reconvergir a nossa atenção sobre Botticelli, tal como sucedeu com Donne. Assim reabilitados, os quadros e os poemas apresentaram-se diferentes, mas modernos e imediatos para nós, tal como um verso da Lei explicado por um sábio. A confirmação de Botticelli, no que se veio a revelar o seu lugar adequado, foi por vezes afectada pela especulação sistemática, e consequentemente, ficou sujeita à rápida obsolência, e outras vezes também se salientou pela sua tentativa de evitar o sistema ou a teoria, apesar de alguma forma de teoria se afigurar necessária a todas as formas de atenção.

Empreendi depois uma tentativa de marginalizar o que constituíra o centro de interesse de muitas gerações de *Hamlet*, e coloquei na posição central um aspecto da peça que fora considerado como meramente periférico. Este tipo de atitude — muitas vezes tomada e muitas condenada — ficará sempre por ser feito de novo. A obra tolera facilmente este tratamento, que se impõe a bem da sua preservação, preservação essa não num arquivo, mas na mente moderna. Com efeito, existe uma quantidade considerável de provas, que se coadunam facilmente com esta perpectiva alterada, e que evitei utilizar. Mas há um cânone de interpretação que apenas agora formulei e talvez devesse ter sido apresentado e observado anteriormente, com a agravante de poder vir a enfastiar logo de início os meus ouvintes, os meus companheiros de conversação; e foi tendo em consideração esse aspecto que me abstive de exagerar.

Todas estas centralidades (ou centralizações) estão na natureza duvidosa do caso que antecede. Qualquer pessoa pode remarginalizar o que eu centralizei e centralizar qualquer outro aspecto; qualquer pessoa (recorrendo a uma terminologia em voga e transbordante de vigorosidade) pode re-hierarquizar os elementos que me esforcei por des-hierarquizar. Tento agora comportar-me como os outros, anteriormente elogiados, se comportaram, resistir à ilusão de que o que estou a afirmar pode ter qualquer valor ou rigor permanentes. Pode ainda perguntar-se por que motivo, nesse caso, me dei ao trabalho de fazer as afirmações. A melhor resposta, encontra-a no texto de D. C. Hoy: «Sustentamos as nossas actuais crenças porque pensamos que são sustentadas e sustentáveis. Reconhecemos, porém, que se novos factos em contrário surgirem, estaremos dispostos e abertos a alterar as nossas crenças. Até esse momento chegar, não existe nenhum motivo para não acreditarmos naquilo em que acreditamos. A crença de que as crenças mudam não quer por isso dizer que já não seja possível acreditar em nada»[23]. Como comenta Hector de forma bastante inconsequente em *Troilo e Cressida* de Shakespeare, é esta a minha «opinião à guisa de verdade», e estou convencido de que existe algo de verdade na opinião que muitos de nós sustentamos no presente momento, no que se refere à necessidade de continuar a fazer alguma coisa com — e pela — literatura.

---

[23] D. C. Hoy, *The Critical Circle* (1978); 1980 ed., 139.

ÍNDICE

INTRODUÇÃO DA EDIÇÃO AMERICANA 11

PREFÁCIO 15

1. BOTTICELLI REABILITADO 19

2. CORNELIUS E VOLTEMAND: A DUALIDADE EM
HAMLET 43

3. SEPARAR O CONHECIMENTO DA OPINIÃO 69

Composto e paginado por
Corsino & Neto, Lda.
Impresso por
Empresa Litográfica do Sul, S.A.
para Edições 70, Lda.
em Abril de 1991